Diogenes Deluxe

JOHN IRVING, geboren 1942 in Exeter, New Hampshire, lebt in Toronto. Seine bisher 13 Romane wurden alle Weltbestseller, vier davon verfilmt. 2000 erhielt er einen Oscar für die beste Drehbuchadaption für die Verfilmung seines Romans *Gottes Werk und Teufels Beitrag*.

John Irving

Die imaginäre Freundin

Vom Ringen und Schreiben

Aus dem Amerikanischen von
Irene Rumler

Mit zahlreichen Fotos

Diogenes

Der amerikanische Originaltext
›The Imaginary Girlfriend‹ erschien 1996
innerhalb der Kurzgeschichten- und Essaysammlung
›Trying to Save Piggy Sneed‹
bei Arcade Publishing, New York

Fotonachweis am Schluss des Bandes
Die Übersetzerin dankt Herrn Josef-Karl Neudorfer
für seine fachliche Unterstützung
Covermotiv: Design von Kobi Benezri

Diogenes Verlag AG Zürich
www.diogenes.ch
40/22/4/1
ISBN 978 3 257 26165 3

Zur Erinnerung an
Ted Seabrooke
Cliff Gallagher
Tom Williams
&
Don Hendrie, Jr.

Inhalt

Lehrerspross

Zu meiner Zeit gab es an der Exeter Academy, einer sogenannten Prepschool, die der Vorbereitung aufs College dient, noch keine Kurse für freies, kreatives Schreiben – hier wurden in erster Linie Aufsätze und Essays verlangt –, aber trotzdem schrieb ich damals mehr Short Stories als andere Texte. Die zeigte ich nicht meinem Lehrer, sondern George Bennett, dem Vater meines besten Freundes. Mr. Bennett war damals Leiter des Fachbereichs Englisch und der Erste, der mich kritisierte und ermutigte – ich brauchte seine Unterstützung. Da ich sowohl in Latein als auch in Mathematik durchfiel, musste ich ein fünftes Jahr dranhängen, was an der Academy noch nie vorgekommen war. Immerhin hatte ich wenigstens in einem Kurs gute Karten; er nannte sich Englisch 4W – »W« stand für »Writing«, also genau die Art des Schreibens, die ich lernen wollte. In diesem erlauchten Kreis wurde ich aufgefordert, kreativ zu sein, was mir selten gelang.

Wenn ich mich recht erinnere (auf mein Gedächtnis ist nicht immer Verlass), war der Starautor in Englisch 4W, der auch als Kritiker kein Blatt vor den Mund nahm, mein Ringerkamerad Chuck Krulak, genannt »Brute«, der spätere General Charles C. Krulak, Kommandierender General des U.S. Marine Corps und Angehöriger der Joint Chiefs of Staff, des Führungsgremiums der US-Streitkräfte. Eine nicht weniger beeindruckende Persönlichkeit und ein ebenso sarkastischer Kritiker war mein Klassenkamerad in Englisch 5, der zukünftige Schriftsteller G. W. S. Trow. Damals hieß er schlicht George, aber seine Kritik war so scharfzüngig und bissig, dass ich sie fürchtete. Erst kürzlich hat mir George zu meiner Verwunderung gestanden, dass er in Exeter todunglücklich gewesen war. Mir war er immer viel zu selbstbewusst vorgekommen, um unglücklich sein zu können – während ich mich damals andauernd genierte.

Hätte für mich das normale Zulassungsverfahren gegolten, wäre ich nie in der Exeter Academy angenommen worden, denn ich war schwacher Schüler und Legastheniker, nur wusste man das damals noch nicht. Doch als ›Lehrerkind‹ wurde ich automatisch aufgenommen. Mein Vater unterrichtete Geschichte; er hatte in Harvard Slawistik studiert und war der erste Lehrer, der in Exeter Russische Geschichte unterrichtete. Meine Leistungen waren Dad gerade ein C+ wert.

Zu behaupten, Exeter sei für mich hart gewesen, ist eine Untertreibung. In Genetik war ich der einzige Schüler, der sein Fruchtfliegenexperiment vermasselte. Die roten und die weißen Augen kreuzten sich so wahnwitzig schnell, dass ich den Überblick über die Generationen verlor. Um das, was dabei herauskam, loszuwerden, kippte ich es in den Wasserspender vor dem Labor, nicht ahnend, dass Fruchtfliegen noch tagelang in den Wasserrohren weiterleben (und brüten) können. Als der unbrauchbar gewordene Wasserspender für »verseucht« erklärt wurde – er wimmelte buchstäblich vor glitschigen Fruchtfliegen –, meldete ich mich zerknirscht und beichtete.

Mr. Mayo-Smith, der Biologe, der Genetik unterrichtete, verzieh mir, weil ich der einzige Townie (sprich Externe) unter seinen Schülern war, der ein Gewehr besaß und er mich brauchte – genauer gesagt, er brauchte mein Gewehr. Den

Internatsschülern war der Besitz von Feuerwaffen verständlicherweise untersagt. Aber da ich aus New Hampshire stammte – »Lebe frei oder stirb«, wie es auf den Zulassungsschildern heißt –, stand mir ein ganzes Waffenarsenal zur Verfügung. Ich diente dem Biologielehrer als Scharfschütze, der seinen Einführungskurs mit Tauben versorgte; normalerweise schoss ich sie vom Dach seiner Scheune herunter. Zum Glück wohnte Mr. Mayo-Smith ein Stück außerhalb der Stadt.

Doch selbst in meiner Eigenschaft als Mr. Mayo-Smiths Scharfschütze war ich ein Versager. Ich sollte die Tauben abschießen unmittelbar nachdem sie gefressen hatten, damit die Schüler, die sie sezieren mussten, die Nahrung in ihren Kröpfen untersuchen konnten. Folglich gestattete ich den Tauben, sich auf dem Maisfeld des Biologen vollzufressen. Aber sie waren so dumm, dass sie jedes Mal, wenn ich sie wegscheuchte, auf das Dach seiner Scheune flogen. Wenn ich sie dann eine nach der anderen herunterschoss und dabei sorgfältig vermied, die Kröpfe zu treffen – ich hatte ein Gewehr mit einem vierfach vergrößernden Zielfernrohr und verwendete Kaliber .22 Sportpatronen –, rutschten sie rechts oder links vom Dach herunter. Eines Tages schoss ich ein Loch ins Dach; von da an ließ mich Mr. Mayo-Smith nie mehr vergessen, dass seine Scheune undicht war. Die Fruchtfliegen im Wasserspender waren das Problem der Schule, aber nun hatte ich ein Loch in des Biologen ureigene Scheune geschossen – »persönliches Eigentum und alles, was dazugehört«, wie mein Vater in Russischer Geschichte zu sagen pflegte.

Dass ich ein Loch in Mr. Mayo-Smiths Scheune geschossen hatte, war weniger demütigend als die jahrelange Sprachtherapie, der ich mich unterziehen musste. Rechtschreibschwäche war in Exeter unbekannt, was bedeutete, dass man wenig über die Hintergründe wusste. Natürlich war meine Legasthenie dafür verantwortlich, aber da es diese Diagnose Ende der fünfziger und Anfang der sechziger Jahre noch nicht gab, stufte der Sprachtherapeut, der meinen rätselhaften Fall beurteilen sollte, meine miserable Orthografie als psychologisches Problem ein (ein Befund, durch den sich meine schulische Situation nicht gerade verbesserte). Als ich nach zahlreichen Sprachtherapiesitzungen den Unterschied zwischen ›Allegorie‹ und ›Allergie‹ noch immer nicht erkennen konnte, wurde ich dem Schulpsychiater übergeben.

Ob mir die Schule ein Gräuel sei, wollte er wissen.

»Nein.« (Ich war in der Schule aufgewachsen!)

Warum nannte ich meinen Stiefvater »Vater«?

»Weil ich ihn sehr gernhabe, und weil er der einzige ›Vater‹ ist, den ich je hatte.«

Aber warum wehrte ich mich dagegen, dass andere Leute meinen Vater als Stiefvater bezeichneten?

»Weil ich ihn sehr gernhabe, und weil er der einzige ›Vater‹ ist, den ich je hatte – da muss ich mich doch wehren!«

Warum wurde ich wütend?

»Weil ich nicht buchstabieren kann.«

Und warum konnte ich nicht buchstabieren?

»Fragen Sie mich was Leichteres.«

Empfand ich es als »problematisch«, meinen Stiefvater – das heißt, meinen Vater – als Lehrer zu haben?

»Ich hatte meinen Vater ein Jahr lang als Lehrer. In der Schule und schlecht in Orthografie bin ich seit fünf Jahren.«

Aber warum wurde ich wütend?

»Weil ich nicht richtig schreiben kann – und weil ich zu Ihnen kommen muss.«

»Wir sind wirklich ganz schön wütend, was?«, sagte der Psychiater.

»Und ob ich wütend sind«, entgegnete ich. (Ein Versuch, die Unterredung auf das Thema meiner Störung zurückzubringen, die schließlich mit Sprache zu tun hatte.)

Der ewig Unterlegene

Es gab nur einen Ort in Exeter, an dem ich nie wütend wurde: In der Ringerhalle ging mir nie der Gaul durch – wahrscheinlich weil ich mich dort nie genierte. Es ist erstaunlich, dass ich mich beim Ringen so wohl fühlte, denn ein hervorragender Athlet war ich nie. Schon als Kind war es mir ein Gräuel gewesen, in der Little League Baseball zu spielen. (Überhaupt habe ich eine Aversion gegen sämtliche Ballsportarten.) Etwas weniger zuwider waren mir Skifahren und Schlittschuhlaufen. Kaltes Wetter kann ich nur begrenzt ertragen. Merkwürdigerweise hatte ich schon immer ein Faible für Körperkontakt und genoss den Adrenalinstoß beim Zusammenprall mit anderen Leuten, doch für Football war ich zu klein; außerdem ist da ja auch ein Ball mit im Spiel.

Wenn man etwas sehr gern mag, neigt man dazu, alle Leute mit Begründungen zu langweilen – dabei spielen die gar keine Rolle. Ringen ist, wie Boxen, ein Gewichtsklassensport, bei dem man mit Leuten gleicher Größe aufeinanderprallt. Manchmal prallt man recht heftig mit ihnen zusammen, landet aber relativ weich. Und obwohl das Ringen ein Kampfsport ist, hat es auch seine zivilisierten Seiten. Eine seiner, wie ich meine, bewundernswerten Grundregeln lautet: Wenn man seinen Gegner von der Matte hebt, ist man auch dafür verantwortlich, dass er »unbeschadet dorthin zurückkehrt«. Aber die ehrlichste Antwort auf die Frage, warum mir das Ringen solchen Spaß machte, ist die, dass es das Erste war, was ich einigermaßen gut konnte. Meine bescheidenen Erfolge in diesem Sport verdanke ich jedoch ausschließlich meinem ersten Trainier, Ted Seabrooke.

Coach Seabrooke war während seiner Zeit in Illinois einmal Big-10-Champion und zweimaliger All-American. (Die Big 10 sind ein Sportverband, zu dem sich zehn Hochschulen zusammengeschlossen haben; ein All-American war damals einer der vier – heute sechs – Besten seiner Gewichtsklasse in den gesamten Vereinigten Staaten.) Als Ringertrainer in Exeter war er absolut überqualifiziert; seine Mannschaften dominierten jahrelang die Ringerszene der Prepschools und Highschools von New England. Ted Seabrooke, zweiter Sieger des nationalen Hochschulsportverbandes NCAA in der Gewichtsklasse bis 70 Kilo, war ein gutaussehender Mann; zu meiner Academy-Zeit wog er 90 Kilo und mehr. Meistens saß er mit gegrätschten Beinen auf der Matte, hatte die Arme an den Ellbogen abgewinkelt und streckte sie einem in Brusthöhe entgegen. Selbst in einer so leicht angreifbaren Stellung konnte er sich perfekt verteidigen. Ich habe nie erlebt, dass es jemandem gelungen wäre, hinter ihn zu kommen. Er konnte wie eine Krabbe auf seinem Hinterteil umherrutschen – und einen dabei mit den Füßen zu Fall bringen, mit den Beinen umklammern, einem die Hände festhalten oder den Kopf nach unten reißen. Er konnte seinen Trainingspartner kontrollieren, indem er ihn mit gespreizten Beinen auf seinen Schoß herunterzog (Hüftklammer) oder sich sein vorderes Bein und den hinteren Arm schnappte (Beingriff mit Armklammer). Er ging immer sanft mit uns um und legte es nie darauf an, uns zu frustrieren. (Jahre später wurde Coach Seabrooke zunächst zuckerkrank und starb schließlich an Krebs. Ich hatte einen Nachruf geschrieben, brachte bei der

Gedenkfeier aber nur ein paar Sätze über die Lippen, weil mir sonst die Tränen gekommen wären.)

Ted Seabrooke brachte mir nicht nur das Ringen bei; wichtiger war, dass er mir von Anfang an klarmachte, dass ich wegen meines beschränkten athletischen Talents als Ringer bestenfalls »halbwegs passabel« sein würde. Und er schärfte mir ein, dass ich mein mangelndes Talent wettmachen könnte, wenn ich nur intensiv und gründlich trainierte. »Talent wird häufig überschätzt«, erklärte mir Ted. »Dass du nicht besonders begabt bist, braucht nicht das Ende vom Lied zu sein.«

Auf Highschool-Ebene dauert ein Ringkampf sechs Minuten, aufgeteilt in drei Runden zu je zwei Minuten, ohne Pause. Die erste Runde beginnen beide Ringer im Stand – eine neutrale Stellung, in der keiner der beiden einen Vorteil hat. Zu Beginn der zweiten Runde durfte damals einer der beiden Ringer zwischen Oberlage und Bodenlage wählen; in der dritten Runde konnte dann der andere die Ausgangsstellung bestimmen. (Heutzutage umfassen die Alternativen auch die neutrale Stellung, und der Ringer, der sich in der zweiten Runde die Kampfstellung aussuchen darf, kann seine Entscheidung bis zur dritten zurückstellen.)

Coach Seabrooke brachte mir vor allem bei, dass es darauf ankam, in den ersten zwei Runden die Punktdifferenz möglichst gering zu halten – so gering, dass ich mit einem Wurf oder einer Wende in der dritten Runde den Kampf gewinnen konnte. Und er warnte mich dringend vor jeglichem »Gerangel« – also vor allen Situationen, in denen nur gerangelt wird und die keiner der beiden Ringer kontrollieren kann. (Solche Balgereien gehen meist zugunsten des Stärkeren aus.) Ich sollte alles daran setzen, das Tempo des Kampfes – eine Kombination aus Technik, richtiger Stellung und körperlicher Kondition – zu bestimmen. Ich weiß, dass das langweilig klingt, aber ich war eben ein langweiliger Ringer. Das Tempo, mit dem ich gut zurechtkam, war recht langsam. Ich mochte Kämpfe, bei denen wenig Punkte vergeben wurden.

Ich habe selten einen Schultersieg erzielt; in den fünf Jahren als Ringer in Exeter konnte ich höchstens ein halbes Dutzend Gegner schultern. Und selbst musste ich auch kaum eine Schulterniederlage einstecken – eigentlich nur zweimal.

Wenn ich einem Gegner überlegen war, gewann ich 5 zu 2; wenn ich Glück hatte, gewann ich 2 zu 1 oder 3 zu 2, und hatte ich weniger

Glück, unterlag ich 3 zu 2 oder 4 zu 3. Wenn mir der erste Niederwurf gelang, konnte ich normalerweise gewinnen; gelang meinem Gegner der erste Niederwurf, hatte ich enorme Mühe, mich davon zu erholen – ich gehörte nicht zu denen, die am Schluss noch zulegen können. Auch beim Kontern war ich, wie Coach Seabrooke es ausdrückte, »halbwegs passabel«. Doch wenn ich es mit einem sehr kräftigen Ringer zu tun hatte, durfte ich mich keinesfalls darauf verlassen, dass ich es schaffte, seine ersten Griffansätze zu kontern; dafür waren meine Konteraktionen nicht schnell genug – meine Reflexe waren einfach zu langsam. Hatte ich es mit einem Gegner zu tun, der mir an Körperkraft überlegen war, unternahm ich den ersten Angriffsversuch; war mir der andere technisch überlegen, versuchte ich seinen ersten Angriff zu kontern.

»Oder vice versa, wenn es nicht funktioniert«, pflegte Coach Seabrooke zu sagen. Er hatte Sinn für Humor. »Wenn der Kopf in eine Richtung geht, muss der Körper folgen – normalerweise«, fügte er nach einer kurzen Pause hinzu. Und: »Ein ewig Unterlegener kann einen gesunden Biss verkraften.«

So hatte ich mich bis dahin noch nie gesehen.

Ich war ein ewig Unterlegener, folglich musste ich das Tempo bestimmen – in allen Dingen. Das war mehr, als ich in Englisch 4W lernte, aber dieses Prinzip ließ sich auch auf das Schreiben anwenden – und auf die schulische Arbeit insgesamt. Wenn meine Mitschüler das Geschichtspensum in einer Stunde bewältigen konnten, gestand ich mir zwei oder drei Stunden zu. Da ich mit der Rechtschreibung weiterhin auf Kriegsfuß stand, legte ich eine Liste der Wörter an, die ich am häufigsten falsch schrieb; die trug ich dann ständig bei mir, sodass ich sie sogar für unangekündigte Kurzarbeiten griffbereit hatte. Vor allem schrieb ich alles ein zweites Mal; erste Entwürfe waren wie das erste Ausprobieren eines neuen Griffs – man musste ihn hart trainieren, wieder und immer wieder, bevor man auch nur im Traum daran denken konnte, ihn in einem Wettkampf anzuwenden. Allmählich fing ich an, meinen Mangel an Begabung ernst zu nehmen.

Ein autoritärer Spanischlehrer warf denen von uns, die in seinen Augen nicht alles perfekt machten, mit Vorliebe die unsensible (und ausgesprochen elitäre) Beleidigung an den Kopf, wir würden noch alle auf der Wichita State University landen. Damals wusste ich nicht, dass Wichita in

Kansas lag; ich wusste nur, dass er einen damit herunterputzen wollte: Wer für Harvard nicht begabt genug war, hatte nichts Besseres verdient als das Wichita State College. Du kannst mich mal, dachte ich, in dem Fall würde ich mir eben vornehmen, meine Sache am Wichita State gut zu machen. Ted Seabrooke war ans Illinois College gegangen. Vermutlich hatte dieser Spanischlehrer von Illinois auch keine allzu gute Meinung.

Ich erinnere mich, dass ich Ted einmal erzählte, ich hätte zwei sympathische Spanischlehrer und einen unsympathischen. »Über solche Lappalien würde ich mich nicht aufregen«, meinte er.

Die Halbpfund-Scheibe Toast

Während meiner Zeit an der Exeter Academy erlebten die Ringer unter Coach Seabrooke zwei entscheidende Veränderungen. Als Erstes wurde die Ringerhalle aus dem Souterrain der alten Sporthalle in den oberen Bereich der Hallenbahn verlegt, die allgemein ›der Käfig‹ hieß. Der neue Raum mit seinen hohen Deckenbalken war extrem warm. Von der Laufbahn unter uns, die aus gestampfter Erde bestand, und von der Holzbahn, die um das obere Geschoss herumlief, kam das gleichmäßige Trampeln der Läufer. Doch sobald wir mit dem Mattentraining begannen, hörten wir die Läufer nicht mehr, da die Ringerhalle durch eine schwere Schiebetür von der Holzbahn abgetrennt wurde. Vor und nach dem Training stand diese Tür offen; solange wir trainierten, war sie geschlossen.

Die zweite Veränderung, die die Ringer betraf, waren die Matten. Ich habe auf Rosshaarmatten zu ringen angefangen, die mit einer hauchdünnen, elastischen Plastikschicht überzogen waren. Als vorbeugende Maßnahme gegen Mattenbrand war diese Plastikverkleidung einigermaßen wirkungsvoll, nur gab sie nach – wie ein Betttuch –, sobald man sich darauf bewegte. Die losen Falten führten zu Knöchelverletzungen; und aufpralldämpfende Eigenschaften besaßen diese alten Rosshaarmatten im Vergleich zu den komfortablen neuen Matten, die rechtzeitig zur Einweihung der neuen Ringerhalle eintrafen, so gut wie gar nicht.

Die neuen Matten hatten eine weiche Oberfläche ohne Überzug. Wenn sie warm waren, konnte man aus Kniehöhe ein Ei darauf fallen lassen, ohne dass es zerbrach. (Wenn doch einmal ein Ei kaputtging, behaupteten wir einfach, die Matte sei nicht warm genug gewesen.) Auf einem kalten Hallenboden veränderte sich die Beschaffenheit der Matte grundlegend. In späteren Zeiten hatte ich in meiner ungeheizten Scheune in Vermont eine Ringermatte, die im Winter beinhart war.

Die meisten unserer Freundschaftskämpfe wurden in der sogenannten ›Grube‹ ausgetragen und nicht in der Ringerhalle, in der wir trainierten. Von der Holzbahn, die an einer Stelle eine über die Grube reichende Ausbuchtung hatte, zweigte außerdem eine L-förmige, hölzerne Galerie ab. Von dort oben konnten insgesamt zwei- bis dreihundert Zuschauer auf ein nicht ganz der Normgröße entsprechendes Basketballfeld hinunterblicken, auf dem wir unsere Matten ausgerollt hatten. Daneben blieb kaum ausreichend Platz für ein rundes Dutzend Zuschauerstühle, sodass sich die meisten Fans über unseren Köpfen befanden, auf der Holzbahn und der Galerie. Es war, als würde man auf dem Boden einer Teetasse ringen, während die Zuschauer über den Tassenrand spähten.

Dieser Raum, in dem unsere Wettkämpfe stattfanden, wurde zu Recht ›die Grube‹ genannt. Der Erdgeruch der angrenzenden Laufbahn rief seltsamerweise Erinnerungen an den Sommer wach, obwohl Ringen ein Wintersport ist. Da die Tür nach draußen ständig auf und zu ging, war es in der Grube nie warm, und die Matten, die in der Ringerhalle so warm und weich waren, fühlten sich bei den Wettkämpfen kalt und hart an. Und wenn unsere Freundschaftskämpfe zeitlich mit Wettkämpfen der Läufer im Käfig zusammenfielen, hallte der Knall der Startpistole in der Grube wider. Ich habe mich oft gefragt, was die

Ringer, die bei uns zu Gast waren, von den Schüssen halten mochten.

Mein erster Kampf in der Grube war eine lehrreiche Erfahrung. An halbwegs niveauvollen Mannschaftswettkämpfen der Prepschools und Highschools nehmen nur selten Leute teil, die erst ein oder zwei Jahre ringen. In den fünfziger Jahren gehörte Ringen – im Gegensatz zu Baseball, Basketball, Hockey oder Skifahren – nicht zu den Sportarten, mit denen jedes Kind in New Hampshire selbstverständlich aufwuchs. Bei jedem Sport muss man bestimmte unlogische Dinge lernen; speziell Ringen fällt einem nicht auf Anhieb leicht. Denn ein Doppelbeingriff mit folgendem Niederwurf ist eben nicht dasselbe wie wenn man beim Football versucht, den Gegner frontal zu stoppen. Beim Ringen geht es nicht darum, den Gegner zu Boden zu werfen – es geht darum, ihn zu kontrollieren. Will man den anderen mit einem Beinangriff zu Boden bringen, gehört mehr dazu, als ihm die Beine unter dem Körper wegzuschlagen: Man muss die eigenen Hüften unter den Gegner bekommen, damit man ihn von der Matte heben kann, bevor man ihn zu Boden bringt – und das ist nur ein Beispiel. Eins jedenfalls steht fest: Beim Ringen befindet sich ein Anfänger, auch wenn er noch so viel Kraft und Kondition hat, einem erfahrenen Gegner gegenüber immer im Nachteil.

Ich habe vergessen, welche Kombination aus Krankheiten, Verletzungen oder Todesfällen in der Familie mir meinen ersten Wettkampf in der Grube bescherte; da ich erst in dem Jahr zu ringen begonnen hatte, genügte es mir völlig, mit anderen Anfängern oder etwas Geübteren zu ringen. In der Ringerhalle war eine nach Gewichtsklassen gestaffelte ›Leiter‹ aufgehängt, auf der ich im ersten Jahr als Vierter oder Fünfter in der Gewichtsklasse bis 60 Kilo weit unten rangierte. Aber die Nummer eins war krank oder verletzt, der zweitbeste Mann konnte das Gewichtslimit nicht erreichen, und der Nächste auf der Liste war vermutlich übers Wochenende nach Hause gefahren, weil sich seine Eltern scheiden ließen. Wer weiß? Jedenfalls war ich aus irgendwelchen Gründen der beste verfügbare Mann in der 60-Kilo-Klasse.

Diese unerfreuliche Nachricht erreichte mich im Speisesaal, wo ich an einem der Lehrertische bediente; zum Glück hatte ich noch kein Frühstück im Magen, sonst hätte ich es garantiert ausgespuckt. Da ich knapp zwei Kilo über dem

Gewichtslimit lag, lief ich zunächst eine knappe Stunde auf der Holzbahn des Käfigs – in Skianorak und Winterkleidung. Dann absolvierte ich, in Schwitzanzug und einem Kapuzen-Sweatshirt darüber, eine halbe Stunde Seilspringen in der Ringerhalle. Beim Wiegen – ich lag knapp 50 Gramm unter 60 Kilo – sah ich zum ersten Mal meinen Gegner, Vincent Buonomano von der Mount Pleasant Highschool in Providence, Rhode Island, einen amtierenden New-England-Champion.

Hätten wir die Gewichtsklasse unbesetzt gelassen, hätten wir nicht schlechter abschneiden können, denn Nichtantreten wurde genauso bewertet wie ein Schultersieg – mit sechs Punkten. Coach Seabrooke hatte die Hoffnung, dass ich keine Schulterniederlage hinnehmen musste. Wenn man zu jener Zeit einen Kampf aufgab, bedeutete das einen Verlust von drei Punkten für die Mannschaft, egal wie groß die Punktdifferenz bei den Einzelkämpfen ausfiel. Mein Ziel war es mit anderen Worten, mir eine Schlappe beibringen zu lassen, damit die Mannschaft statt sechs Punkten nur drei einbüßte.

Während der ersten fünfzehn bis zwanzig Sekunden erschien dieses Ziel erreichbar. Dann landete ich rücklings auf der Matte und verbrachte den Rest der Runde in der Brückenlage – zum Glück hatte ich einen kräftigen Nacken. In der zweiten Runde konnte ich mir die Kampfstellung aussuchen. Auf Coach Seabrookes Rat hin entschied ich mich für die Oberlage. (Ted wusste, dass ich in der Bodenlage so gut wie keine Chance hatte.) Aber Buonomano drehte mich sofort, sodass ich auch die zweite Runde weitgehend damit verbrachte, in der Bodenlage zu kämpfen. Die einzigen Punkte bekam ich dafür, dass ich wiederholt auf die Beine kam – unverdient, weil Buonomano es zuließ. Vermutlich erschien es ihm einfacher, mich direkt aus dem Stand zu schultern, das heißt, mit beiden Schultern auf die Matte zu bringen. Bei einem solchen Niederwurf landete ich auf der Nase – beide Hände waren gefesselt, sodass ich den Aufprall nicht abbremsen konnte. (Es stimmt übrigens, dass man »Sternchen« sieht.)

Muss ein Ringkampf wegen einer Blutung unterbrochen werden, wird diese Verletzungszeit nicht gerechnet, da man in dem Fall nicht simulieren kann. Bei anderen Verletzungen werden einem Ringer nicht mehr als neunzig Sekunden Verletzungszeit für die gesamte Wettkampfdauer zugestanden. Die Zeit für meine blutende Nase wurde also nicht gestoppt. Nachdem mir mein Betreuer genügend Watte in die Nasenlöcher gestopft hatte, um das Blut zu stillen, legte sich meine Benommenheit; ich warf einen Blick auf die Wettkampfuhr – nur noch fünfzehn Sekunden! Ich war voller Zuversicht, dass ich es schaffen würde, in den nächsten 15 Sekunden nicht auf dem Rücken zu landen, und sagte das auch Ted Seabrooke.

»Es ist erst die zweite Runde«, meinte Seabrooke.

Ich überstand die fünfzehn Sekunden, musste aber etwa in der Mitte der dritten Runde eine Schulterniederlage hinnehmen – »und das knapp eine Minute vor Schluss«, meinte meine Mutter bedauernd.

Das Schlimmste an einer Schulterniederlage waren die vielen Gesichter, die auf einen herabblickten und die man so schnell nicht vergaß. Wenn man gewann, lärmten die Fans, lag man auf dem Rücken, waren sie still und machten eigenartig gleichgültige Gesichter, als wollten sie sich schon jetzt von deiner Niederlage distanzieren.

Ich wurde nie in der Grube geschultert, sondern habe dort nur noch einen Kampf wegen einer Verletzung verloren – ich brach mir die Hand. Als mir der Betreuer den Eimer hinhielt, weil ich mich übergeben musste, sah ich darin die orangefarbenen Krusten und ein blutiges Handtuch und fiel prompt in Ohnmacht. Doch abgesehen von diesem Missgeschick und meinem allerersten Wettkampf mit Vincent Buonomano von der Mount Pleasant Highschool, war die Grube für mich mit Siegen verknüpft; meine besten Kämpfe habe ich dort ausgetragen. Dort habe ich gegen den New-England-Champion Anthony Pierannunzi von der East Providence Highschool 1 zu 1 unentschieden gerungen. Weniger Glück hatte ich mit Pierannunzi beim New-England-Meisterschaftsturnier, bei dem er mich zwei Jahre hintereinander besiegte; obwohl ich zwei Freundschaftskampf-Saisons ohne Niederlage hinter mir hatte, gewann ich nie einen New-England-Titel.

Meine Jahre in Exeter waren die letzten, in denen der Sieger des New-England-Turniers wirklich den Titel von ganz New England errang, denn 1961 traten Highschools und Prepschools am Schuljahresende zum letzten Mal in einem gemeinsamen Turnier gegeneinander an; in dem Jahr war ich Kapitän der Exeter-Mannschaft. Danach fanden separate Turniere für private und staatliche Schulen statt – sehr bedauerlich, wie ich finde. Highschool- und Prepschool-Ringer können viel voneinander lernen. Aber 1961 war das sogenannte New England Interscholastic Tournament endgültig zu groß geworden.

Ich erinnere mich an meine letzte Busfahrt mit der Exeter-Mannschaft, nach East Providence – zu den heimischen Matten des Mannes, der für mich das personifizierte Verhängnis war: Anthony Pierannunzi. Um fünf Uhr morgens überprüften wir unser Gewicht auf der Waage in der Sporthalle. Wir lagen alle unter dem jeweiligen Gewichtslimit, einige von uns nur knapp. Der Bus verließ Exeter in der Dunkelheit, die auf der Höhe von Boston einem dichten Winternebel wich. Der Schnee, der Himmel, die Bäume, die Straße – alles grau in grau.

Unser 54,5-Kilo-Mann, Larry Palmer, machte sich Sorgen wegen seines Gewichts. In Exeter war er nur 100 Gramm unter dem Limit gewesen, aber das offizielle Wiegen fand in East Providence statt. Was passierte, wenn die Waage dort anders anzeigte? (Durfte sie eigentlich nicht.) Ich lag gut 200 Gramm unter dem zulässigen Höchstgewicht von 60 Kilo; ich hatte einen trockenen

Mund, wagte aber nicht, Wasser zu trinken, sondern spuckte in einen Pappbecher. Larry spuckte auch in einen Becher. »Esst einfach nichts«, riet uns Coach Seabrooke. »Esst nichts und trinkt nichts, im Bus nehmt ihr bestimmt nicht zu.«

Irgendwo südlich von Boston hielten wir an einem Howard Johnson's an. Larry Palmer erinnert sich noch genau daran – ich nicht mehr, weil ich gar nicht ausgestiegen bin. Ein paar von uns waren deutlich unter dem Gewicht, sodass sie es riskieren konnten, etwas zu essen; die meisten stiegen nur aus, um zu pinkeln. Ich hatte seit sechsunddreißig Stunden nichts gegessen und nichts getrunken und hätte es auch jetzt nie gewagt; und ich wusste, dass ich garantiert nicht pinkeln konnte. Bei dieser Gelegenheit aß Larry Palmer »jene fatale Scheibe Toast«.

Erst neulich erinnerten wir uns gemeinsam an diese Episode. »Es war eine trockene Scheibe Toast«, sagte Larry. »Keine Butter, keine Marmelade – ich hab sie nicht mal aufgegessen.«

»Und getrunken hast du auch nichts?«, fragte ich ihn.

»Keinen Tropfen«, sagte Larry.

(In letzter Zeit haben wir uns angewöhnt, uns wenigstens einmal im Jahr zu treffen. Larry Palmer ist Juraprofessor an der Cornell Law School; einer seiner Söhne hat gerade mit dem Ringen begonnen.)

Auf der Waage in East Providence lag Palmer rund 100 Gramm über dem Limit von 54,5 Kilo. Er hätte es mit Sicherheit bis ins Halbfinale geschafft, vielleicht sogar weiter. Seine Disqualifizierung kostete unsere Mannschaft wertvolle Punkte – genau wie meine Niederlage gegen Pierannunzi, der bei sich zu Hause ein härterer Gegner war als in der Grube. Innerhalb von zwei Jahren haben Pierannunzi und ich viermal gegeneinander gerungen; einmal habe ich ihn besiegt, einmal ging der Kampf unentschieden aus, zweimal besiegte er mich – beide Male in dem Turnier, in dem es am meisten darauf ankam. Alle unsere Kämpfe gingen knapp aus, aber beim letzten (dem in East Providence) schulterte er mich. Die beiden Schulterniederlagen, die ich in Exeter hinnehmen musste – bei meinem ersten und meinem letzten Kampf –, brachte mir ein New-England-Champion aus Rhode Island bei. (Exeter konnte 1961 seinen Titel als Mannschaftsmeister von New England nicht verteidigen – wahrscheinlich war unsere '60er Mannschaft die beste in der Geschichte der Exeter Academy.)

Larry Palmer war fassungslos. Er konnte unmöglich ein halbes Pfund Toast gegessen haben!

Coach Seabrooke reagierte, wie stets, gelassen. »Mach dir keine Vorwürfe, wahrscheinlich wächst du«, erklärte er ihm. Wie sich herausstellte, war genau das der Fall. Im folgenden Jahr, 1962, war Larry Palmer Mannschaftskapitän von Exeter und gewann den Neu-England-Titel in der A-Liga bei 66,5 Kilo. Von größerer Bedeutung als der 12-Kilo-Sprung aus seiner früheren 54,5-Kilo-Kategorie war die Tatsache, dass er fünfzehn Zentimeter gewachsen war.

Für mich steht fest, dass Larry Palmers berühmte Scheibe Toast im Howard Johnson's kein halbes Pfund gewogen hat. Larrys Wachstumsschub kam zweifellos im Bus. Er tat uns so leid, als er das Gewicht nicht erreichte, dass keiner von uns genauer hinschaute; wahrscheinlich hatte er auf dem Weg nach East Providence nicht nur ein halbes Pfund zugenommen, sondern war auch fünf Zentimeter gewachsen. Hätten wir genauer hingesehen, hätten wir den Unterschied vielleicht bemerkt.

Was ich damals las

In der Schule – selbst in so guten Schulen wie Exeter – werden meist die kürzeren Bücher berühmter Autoren durchgenommen; zumindest fängt man damit an. So machte ich meine erste Bekanntschaft mit Melville über *Billy Budd, Vortoppmann,* der mich dazu bewog, in die Bibliothek zu gehen, wo ich dann *Moby-Dick* entdeckte. Über *Große Erwartungen* und *Ein Weihnachtslied* lernte ich Dickens kennen und las (ebenfalls im Englischunterricht) *Oliver Twist, Harte Zeiten* und *Eine Geschichte aus zwei Städten,* die mich dazu veranlassten, (außerhalb des Unterrichts) *Dombey und Sohn, Bleakhaus* und *Nikolas Nickleby, David Copperfield, Martin Chuzzlewit, Klein Dorrit* und *Die Pickwickier* zu lesen. Ich konnte von Dickens nicht genug bekommen, obwohl er für meine Legasthenie eine so große Herausforderung darstellte, dass meine schulischen Leistungen erheblich darunter litten.

Normalerweise führten mich die dünneren Bücher eines Autors, so sie mir gut gefielen, unweigerlich zu den dickeren, die mir noch besser gefielen. Die Vorliebe für dicke Bücher wirkt sich verheerend auf die schulischen Leistungen aus.

Im Englischunterricht in Exeter wurde ich mit *Silas Marner* auf George Eliot »angesetzt«, aber schließlich war *Middlemarch* schuld daran, dass ich meine Hausarbeiten in Mathematik und Latein vernachlässigte. Mein Vater, der Russischlehrer, war so klug, mir Dostojewskij mit dem *Spieler* schmackhaft zu machen, aber am Ende las ich *Die Brüder Karamasow* – wieder und wieder und war jedes Mal aufs Neue fasziniert. (Mein Vater brachte mir auch Tolstoi und Turgenjew nahe.)

George Bennett war der erste Mensch in meinem Leben, der mich mit zeitgenössischer Literatur bekannt machte; abgesehen von seinen Pflichtlektüren als Fachbereichsleiter für Englisch war George ein begeisterter Leser, der einfach alles verschlang. Schon damals – also etwa zehn Jahre vor Erscheinen des Romans *Fifth Business (Der Fünfte im Spiel)*, durch den ein breites Publikum Robertson Davies »entdeckte« –, legte mir George Bennett dringend *Leaven of Malice* und *A Mixture of Frailties* ans Herz.

(*Tempest-Tost,* den ersten Roman, der *Salterton Trilogy,* las ich erst sehr viel später.) Kein Wunder, dass mich die Lektüre von Robertson Davies zu Trollope führte. (Da Trollopes Werk sehr umfangreich ist, litten meine Leistungen in der Schule noch mehr.) Robertson Davies gilt vielfach als der kanadische Trollope, aber für mich ist er auch der kanadische Dickens.

Zwanzig Jahre später besprach Professor Davies, dessen Bücher ich inzwischen alle gelesen hatte, *Das Hotel New Hampshire* (1981) in der *Washington Post*. Seine Rezension war so liebenswert und verschmitzt, dass ich schließlich nach Toronto fuhr, nur um mich mit ihm zum Lunch zu treffen. Ich hatte mir (beim Ringen) die große Zehe gebrochen; sie war so geschwollen, dass ich in keinen Schuh hineinkam. Mein Sohn Colin hatte bereits damals (mit sechzehn) größere Füße als ich; in seinen Ringerschuhen konnte ich wenigstens gehen, ohne zu humpeln. Ich hatte also die Wahl, entweder Ringerschuhe anzuziehen oder Robertson Davies barfuß gegenüberzutreten.

Professor Davies lud mich zu einem ziemlich förmlichen Lunch in den York Club ein; er war außerordentlich höflich und nett, doch als er die

Ringerschuhe bemerkte, wurde sein Blick streng. Inzwischen ist meine Frau Janet seine Literaturagentin. Janet und ich wohnen zeitweise in Toronto, wo wir häufig mit Rob und Brenda Davies zu Abend essen. Über Schuhe haben wir uns nie unterhalten, aber ich bin ziemlich sicher, dass sich Professor Davies mit leichter Missbilligung an unsere erste Begegnung erinnert.

Als Janet und ich in Toronto heirateten, waren meine beiden Söhne aus erster Ehe, Colin und Brendan, meine Trauzeugen, und Robertson Davies las aus der Bibel vor. Rob brachte seine eigene Bibel zum Hochzeitsgottesdienst mit, da er sich nicht darauf verließ, dass in der Bishop Strachan Chapel auch die richtige Übersetzung greifbar war. (Professor Davies setzt sich in unserer tückischen, modernen Zeit vehement für die King-James-Version ein.)

Colin und Brendan hatten Rob vor der Hochzeit noch nie gesehen, und Brendan, der damals siebzehn war, sah auch nicht, wie sich Rob mit seinem prächtigen weißen Bart auf die Kanzel zubewegte. Als Brendan aufblickte, stand da plötzlich dieser große Mann mit dem mächtigen Bart und einer noch mächtigeren Stimme. Colin, damals zweiundzwanzig, erzählte mir, Brendan habe ausgesehen, als hätte er ein Gespenst erblickt. Doch in Wirklichkeit dachte Brendan, der mit keiner Art von Kirche sonderlich vertraut war, dass es sich bei der imposanten Gestalt um Gott handeln müsse.

George Bennett machte mich nicht nur als Erster auf Robertson Davies aufmerksam – damals war ich etwa so alt wie Brendan bei meiner zweiten Hochzeit –, er animierte mich auch, es nicht bei meiner ersten Erfahrung mit Faulkner bewenden zu lassen. Ich weiß nicht mehr, welchen Faulkner-Roman wir in der Schule als ersten gelesen haben, jedenfalls tat ich mich schwer damit; entweder war ich zu jung, oder meine Legasthenie war mir bei den langen Sätzen im Weg oder beides. Richtig gern mochte ich Faulkner nie – Joyce auch nicht –, aber mit der Zeit lernte ich beide schätzen. Und auch bei Hawthorne und Hardy half mir George über die ersten Hürden hinweg; mit der Zeit gewann ich Hardy lieb, und Hawthorne ist und bleibt – noch vor Melville – mein amerikanischer Lieblingsautor. (Ich war nie ein Fan von Hemingway oder Fitzgerald und kann mit Vonnegut und Heller ungleich mehr anfangen als mit Mark Twain.)

George Bennett war es auch, der mir klarmachte, dass es wahrscheinlich mein ›Fluch‹ sei, »wie ein Schriftsteller zu lesen«, womit er meinte, dass ich aus unerfindlichen Gründen an einer extrem ausgeprägten und sehr eigenwilligen Meinung litt; im Grunde meinte er wohl, dass ich, wie die meisten mir bekannten Schriftsteller, einen unmöglichen Geschmack habe, nur war er zu diplomatisch, um mir das ins Gesicht zu sagen.

Ich kann weder Proust noch Henry James lesen; Conrad bringt mich fast um. *Der Freibeuter* geht ja noch, eignet sich aber eher für junge Männer (unter achtzehn). Aber *Das Herz der Finsternis* ist schlicht die längste Novelle, die ich kenne; dem ungnädigen Conrad-Kritiker, der Marlow einen »geschwätzigen Vermittler« nannte, kann ich nur zustimmen – ich würde ihn als einschläferndes Erzählelement bezeichnen. Derselbe Kritiker nennt auch den Grund, aus dem ich den *Freibeuter*, der allgemein etwas geringschätzig als Conrads einziges Kinderbuch abgetan wird, all seinen anderen Büchern vorziehe: »Wie nirgends sonst bei Conrad bemerkt man das auffällige Fehlen ausführlicher Abhandlungen über Ethik, Psychologie und Metaphysik.«

Ich finde durchaus nicht alle »ausführlichen

Abhandlungen« über solche Themen unerträglich. Immerhin hat mich *Tod in Venedig* bewogen, mich eingehend mit Thomas Manns anderen Werken zu befassen – vor allem mit dem *Zauberberg*, den ich unzählige Male gelesen habe. Aber wirklich zu fesseln vermochte mich die deutschsprachige Literatur erst auf der Universität, als ich anfing, Goethe, Rilke, Schnitzler und Musil zu lesen, die mich zu Heinrich Böll und Günter Grass führten. Grass, García Márquez und Robertson Davies mag ich von allen zeitgenössischen Autoren am liebsten. Alle drei Romanautoren haben eine Vorliebe für schrullige Charaktere, alle drei stehen in der Erzähltradition des neunzehnten Jahrhunderts (die Wert auf Erzählfluss und plastische Darstellung der Figuren legt); man kann also sagen, dass ich mich nicht sehr weit von Dickens fortgewagt habe.

Mit einer Ausnahme: Graham Greene. Greene war der erste zeitgenössische Romancier, den ich in Exeter lesen musste; wahrscheinlich hätte er es als Provokation empfunden, dass ich ihn nicht im Englischunterricht, sondern in Reverend Frederick Buechners beliebtem Kurs über Religion und Literatur kennengelernt habe. Ich besuchte sämtliche Kurse von Fred Buechner, nicht weil er der Schulgeistliche war, sondern weil er der einzige Schriftsteller an der Schule war – noch dazu ein guter –, dessen Bücher auch gedruckt wurden. (Wie gut er war, wurde mir erst klar, als ich sehr viel später seine vier Bebb-Romane las – *Lion Country*, *Open Heart*, *Love Feast* und *Treasure Hunt*.)

In puncto Religion waren wir in Exeter ein recht negativ eingestellter Haufen. Wir waren zynischer als die jungen Leute heutzutage, sogar noch zynischer als die meisten von uns im Lauf der Zeit geworden sind – damit will ich sagen, dass mir meine Generation heute weniger zynisch erscheint als damals. Jedenfalls mochten wir Freddy Buechner nicht wegen seiner Predigten in der Phillips-Kirche oder der Hauskapelle, auch wenn sie besser waren als sämtliche Predigten, die ich je gehört oder gelesen habe, sondern weil er so fundiert und mitreißend über Literatur sprechen konnte. Seine Begeisterung für Graham Greenes *Die Kraft und die Herrlichkeit* kannte keine Grenzen und war so ansteckend, dass sie sich bei mir auf sämtliche (oder fast alle) Werke Greenes übertrug.

Ich habe das Gefühl, Greenes Romangestalten besser zu kennen als die meisten Menschen, denen ich zeit meines Lebens begegnet bin; dabei handelt es sich nicht einmal um Leute, die ich damals (oder überhaupt) kennenlernen wollte. So einfach ist das. Ich kann mich auf keinen Zahnarztstuhl setzen, ohne mir den schrecklichen Mr. Tench vorzustellen, den im Exil lebenden Zahnarzt, der die Exekution des Whisky-Priesters miterlebt. Für mich wird Ehebruch nicht von Emma Bovary verkörpert, sondern von dem armen Scobie und seiner schrecklichen Frau Louise in *Das Herz aller Dinge;* von Helen, der neunzehnjährigen Witwe, mit der Scobie eine Affäre hat, und dem von Moralvorstellungen unbelasteten Geheimagenten Wilson, der ein bisschen in Louise verliebt ist. Dann die scheußliche Schäbigkeit in dem Roman *Am Abgrund des Lebens:* die durch und durch verdorbene siebzehnjährige Pinkie und die unschuldige sechzehnjährige Rose … der Mord an Hale und Ida, die dunkles Bier trinkt; sie sind für mich zum Inbegriff einer miesen »Unterwelt« geworden; und *Das Ende einer Affäre* ist die bedrückendste Anti-Liebesgeschichte, die ich kenne. Der arme Maurice Bendrix! Und die arme Sarah und der arme Henry! Lauter Menschen, um die man in Anbetracht dessen, was man über sie weiß, einen

Bogen machen würde, wenn man ihnen auf der Straße begegnete.

»Der Hass scheint dieselben Drüsen anzuregen wie die Liebe. Er bewirkt sogar dieselben Handlungsweisen«, schrieb Greene. Das Zitat, maschinegeschrieben auf einem vergilbten Zettel, klebte mit Tesafilm an meiner Schreibtischlampe, lange bevor ich begriffen habe, wie sehr es der Wahrheit entspricht. Ein anderes Zitat, das ich mir ebenfalls aus dem *Ende einer Affäre* herausgeschrieben hatte, begriff ich früher – sobald ich zu schreiben begann: »So vieles von dem, was ein Romanautor schreibt ... spielt sich im Unterbewussten ab: in jenen Tiefen, in denen das letzte Wort geschrieben ist, bevor das erste auf dem Papier erscheint. Wir erinnern uns an die Einzelheiten unserer Geschichte, wir erfinden sie nicht.«

Das Ende einer Affäre ist der erste Roman, der mich schockiert hat. Ich las ihn zu einer Zeit, als meine Altersgenossen (sofern sie überhaupt lasen) alle vom *Fänger im Roggen* schockiert waren, den ich als so schal empfand wie Masturbieren. Salingers bekannte Schöpfung, jener verwirrte Junge, erlebt nichts, was sich mit Bendrix' angstvoller Gewissheit vergleichen ließe, dass man »nirgends in Sicherheit ist: ein Buckliger, ein Krüppel – sie alle haben den Knopf, der die Liebe auslöst«.

Dass Greene später erhebliche Rückzieher machte und einen Teil seiner Werke als bloße »Unterhaltung« deklarierte, war bestürzend für mich. Damit, dass er populäre, aber »minderwertige« literarische Formen verwendete (den Thriller, die Detektivgeschichte), verscherzte er sich offenbar die kritische Würdigung, die Schriftstellern verweigert wird, die zu viele Leser haben.

Ich fühle mich an Maurice Bendrix erinnert, wenn ich an einen von Greenes Kritikern denke. »In seiner herablassenden Art ordnete er mich am Schluss ein: vermutlich ein bisschen höher als Maugham, weil Maugham populär ist und ich dieses Verbrechen noch nicht begangen habe, noch nicht; doch obwohl ich mir ein bisschen von jener Exklusivität der Erfolglosigkeit bewahre, können die Verfasser der wenigen Rezensionen sein Nahen wittern wie schlaue Detektive.« Das schrieb Greene 1951 über Bendrix. Er selbst wurde allmählich auch populär – bald sollte er »dieses Verbrechen« begehen –, und die »schlauen Detektive« beschnupperten seinen Erfolg und verschwendeten ihr Lob an weit weniger perfekte Könner als Greene.

Als ich Graham Greene in der Prepschool entdeckte, wurde mir klar, dass sorgfältig entwickelte Charaktere und zu Herzen gehende Geschichten das A und O eines jeden Romans sind, der diese Bezeichnung verdient. Und Greene lehrte mich später auch die Literaturkritik hassen; als ich miterleben musste, wie ihn die Kritiker abkanzelten, begann ich sie zu verabscheuen. Bis zu seinem Tod 1991 war Graham Greene der vollendetste zeitgenössische Romanautor englischer Sprache und weltweit der akribischste.

Wie Greene stets mit Vorliebe anmerkte: Zufälle gibt es überall. Greenes Nichte, Louise Dennys, ist meine kanadische Verlegerin. Der Mann, der mich mit Greene bekannt gemacht hat, Reverend Frederick Buechner – ehemaliger Schulgeistlicher von Exeter –, ist mein alter Freund und Nachbar in Vermont. (Die Welt ist klein.) Und so wundert es mich kaum, dass ich bis zum Ende meiner Schulzeit in Exeter die meisten Schriftsteller gelesen hatte, die für mich als Schriftsteller später von Bedeutung waren; es stimmt wirklich, dass die Stunden, die ich mit ihrer Lektüre zubrachte, (und meine Legasthenie) dazu beitrugen, dass ich ein fünftes Jahr in einer auf vier Jahre angelegten Schule verbringen musste.

Heute spielt das kaum mehr eine Rolle. Und es ist eine gute Lehre für einen Romanautor: Geh voran, Schritt für Schritt – aber mach langsam. Warum sollte man es eilig haben, die Schule zu Ende zu bringen oder auch ein Buch?

Der Ersatzmann

Während meine intellektuellen Mitschüler in Exeter zu diversen Ivy League Colleges oder anderen Elite-Hochschulen weiterwanderten – George Trow zog in Richtung Süden nach Harvard, wohin ihm Larry Palmer ein Jahr später folgte, und Chuck Krulak bekam einen Platz an der Marineakademie in Annapolis –, landete ich an der Universität Pittsburgh, weil ich mit den Besten ringen wollte.

Wohler hätte ich mich in Wisconsin gefühlt, wo man mich jedoch auf die Warteliste setzte, weil ich mich nicht unter den besten fünfundzwanzig Prozent der Abschlussklasse befand. (Ob das anders gewesen wäre, wenn ich statt auf die Academy auf die Exeter Highschool gegangen wäre, ist fraglich, aber damals bildete ich es mir ein.) Statt auf meine Zulassung für die Universität Wisconsin zu warten, entschied ich mich für Pitt. Warum? Weil ich da nicht warten musste.

Das war ein Fehler. Ich mochte George Martin, den Ringertrainer in Wisconsin, und er mochte mich. Sein Sohn Steve, der später in der 71-Kilo-Kategorie für Wisconsin antrat, war in Exeter mein Mannschaftskamerad (und ein guter Freund) gewesen. Als ich Madison einen Besuch abstattete, gefiel es mir dort ausgezeichnet – auch die Ringerhalle. Wäre ich an die Universität von Wisconsin gegangen, wäre ich beim Big-10-Turnier vielleicht nie in die Wertung gekommen – oder auch nur für Wisconsin angetreten –, aber ich weiß, dass ich weiterhin gerungen hätte und vier Jahre (vielleicht länger) in Madison geblieben wäre; bestimmt hätte ich auch meinen Abschluss gemacht. Aber ich war neunzehn – von Pittsburgh hatte ich eine Zusage, und in Wisconsin hatte es geheißen, ich müsse abwarten und Tee trinken. Mit neunzehn will man nicht »abwarten und Tee trinken«.

Coach Seabrooke gab mir zu bedenken, dass Pitt möglicherweise eine Nummer zu groß für mich sei, und empfahl mir, lieber an eine kleinere Universität zu gehen, an der das Ringen keinen so hohen Stellenwert hatte. Doch als er merkte, dass er mich nicht zu überzeugen vermochte, schrieb er an Rex Peery, den Trainer in Pittsburgh, und teilte ihm mit, wie er mich einschätzte. Da ich Ted kenne, gehe ich davon aus, dass er nicht übertrieben hat. Coach Peery war darauf vorbereitet, dass ich bestenfalls »halbwegs passabel« war; wie sich herausstellte, war ich nicht einmal das.

Rex Peery stammte aus Oklahoma und war ein ehemaliger dreifacher amerikanischer Meister – sogar seine Söhne waren schon dreimal NCAA-Champions gewesen. In dem Jahr, in dem ich nach Pittsburgh kam, wimmelte es dort nur so von zukünftigen All-Americans. Dick Martin, der 55,5-Kilo-Mann, wurde später ein All-American; Darrel Kelvington (66,5 Kilo), Timothy Gay (71 Kilo), Jim Harrison (75,5 Kilo) und Kenneth Barr (80 Kilo) ebenfalls. (Harrison wurde später amerikanischer Meister; 1963 gewann er einen NCAA-Titel.) Außerdem waren da noch Zolikoff (62 Kilo), Jeffries (86,5 Kilo) und Ware in der Gewichtsklasse, die damals »Unlimited« hieß, dem heutigen Superschwergewicht – ich konnte die Liste im Schlaf herunterbeten.

Sherman Moyer, der 59-Kilo-Mann von Pitt und mein häufigster Trainingspartner, war verheiratet und hatte den Militärdienst schon hinter sich. Sherm rauchte angeblich eine Zigarette pro

Woche – normalerweise vor dem Wettkampf in einem Toilettenabteil (zumindest habe ich ihn sonst nie rauchen sehen) – und war in der Oberlage für jeden Gegner vernichtend. Es war einfach unmöglich, sich von ihm zu befreien; er brachte es fertig, mich den ganzen Nachmittag zu beherrschen, und genau das tat er auch. Damals tröstete es mich nur wenig, dass Moyer auf diese Weise auch den All-American Sonny Greenhalgh vom Syracuse College zweimal in jener Saison besiegte. (Sonny und ich sprechen noch heute über Moyer.) Und es war auch kein Trost, dass Moyer ein Gentleman war; er verhielt sich mir gegenüber immer anständig und gutmütig, während er mich – stets freundlich – in die Matte malmte.

Auch die anderen Erstsemester in Pittsburgh waren recht zähe Burschen – vor allem in meiner und den angrenzenden Gewichtsklassen. Tom Heniff aus Illinois und Mike Johnson aus Pennsylvania waren häufig meine – und Moyers – Trainingspartner. Heniff und ich rangen in der 59-Kilo-Klasse – ich hatte seit Exeter knapp eineinhalb Kilo abgenommen –, und Johnson, der bis 55,5 oder bis 59 Kilo rang, konnte jeden in der Ringerhalle bis hinauf zu 63 und sogar 69 Kilo auseinandernehmen. Ein Jahr später wurde Mike Johnson ein All-American; 1963 wurde er zweiter Sieger der NCAA. (Heute ist Johnson Ringertrainer an einer Highschool in Du Bois, Pennsylvania.)

Außerdem trainierte ich mit ein paar Federgewichten (bis 62 Kilo) aus meinem Jahrgang: einem Rotschopf namens Carswell oder Caswell, der Kilo für Kilo der stärkste Mensch war, mit dem ich es je zu tun hatte – ich habe ihn etwa einsfünfundsechzig groß und mit hundertfünfzig Zentimetern Brustumfang in Erinnerung –, und einem stets lächelnden Burschen namens Warnick, der einen Armzug draufhatte, bei dem man anschließend seinen Arm suchte. Der Neuling in der 66,5-Kilo-Klasse war (glaube ich) ein gewisser Frank O'Korn; ich erinnere mich nicht gut an ihn, wahrscheinlich weil ich nicht oft mit ihm gerungen habe. In der 71-Kilo-Kategorie gab es John Carr, der im Zusatzjahr nach dem Highschool-Abschluss einen New-England-Interscholastic-Titel für Cheshire gewonnen hatte. (Später wechselte Carr von Pittsburgh an die Wilkes Prepschool; bis vor Kurzem war er in der Gegend von Wilkes-Barre in Pennsylvania Trainer an einer Highschool.) Und den Abschluss dieser Erstsemester-Riege bildete ein heftig umworbenes Mittelgewicht (bis 80 Kilo) namens Lee Hall.

Ich wusste, dass es in Pittsburgh viele gute Ringer gab – schließlich hatte ich mir diese Universität ausgesucht, weil dort die besten Leute waren. Aber in der Saison '62 gab es in der Ringerhalle von Pittsburgh nicht einen Ringer, den ich bezwingen konnte – nicht einen einzigen.

Mein Problem war nicht die Technik; schließlich war ich in Exeter gut betreut worden. Das Problem in Pittsburgh war, dass mich meine begrenzten körperlichen Fähigkeiten auf einen Platz verwiesen, der von der Spitzenriege der College-Ringer im ganzen Land weit, weit entfernt war. Ted Seabrooke hatte ich es zu verdanken, dass ich kein schlechter Ringer war; aber ich war eben kein guter Athlet, wie Ted mir bereits gesagt hatte. In Pitt musste ich eine schwere Schlappe einstecken. Mit »halbwegs passabel« war es hier nicht getan.

Ich möchte mir nicht anmaßen, jene grundlegenden sportlichen Fähigkeiten zu definieren, die einen ›guten Athleten‹ ausmachen, aber beim Ringen ist gutes Gleichgewicht ebenso entscheidend wie Schnelligkeit; und beides kann man im Grunde niemandem beibringen. Mit Gleichgewicht meine ich zweierlei: die Fähigkeit, das Gleichgewicht zu halten – die lässt sich in geringem Maß dadurch erlernen, dass man auf eine ausgewogene Stellung achtet –, und die Fähigkeit, es blitzschnell wiederzuerlangen, wenn man es verloren hat. Diese zweite Fähigkeit ist nicht erlernbar. Leider kann ich meine verlorene Balance nur sehr langsam zurückgewinnen; das ist meine große Schwäche als Athlet. (Für einen Ringer bedeutet das eine erhebliche Einschränkung.)

1962 waren Leute im ersten Collegejahr bei Uni-Wettkämpfen nicht startberechtigt; trotzdem hatte ich damit gerechnet, dass für die Neulinge von Pittsburgh Freundschaftskämpfe und Turniere geplant waren, die eine Herausforderung darstellten – wir wären eine siegreiche Mannschaft gewesen. Aber Johnson, Heniff, Warnick, O'Korn und Carr konnten entweder aus Studiengründen nicht teilnehmen oder kurierten irgendwelche Verletzungen aus, sodass die wenigen für den ersten College-Jahrgang vorgesehenen Wettkämpfe abgesagt wurden. Die einzigen Kämpfe, die ich bis zum Turnier am Jahresende – dem Freshman Eastern Intercollegiates in West Point – erlebte, waren die beeindruckenden Begegnungen in der Pitt-Ringerhalle. Und ich wusste genau, wie meine Zukunft aussah, wenn ich in Pittsburgh blieb: Mir würde die Rolle des Ersatzmanns für Johnson oder Heniff oder Warnick (oder alle drei) zufallen; später würde ich den Ersatzmann für irgendein begabtes Erstsemester machen, das im nächsten Jahr Einzug in die Ringerhalle hielt. Jedenfalls bliebe ich immer ein Ersatzmann. Wenn ein Wettkämpfer krank oder verletzt war oder das Gewichtslimit nicht erreichen konnte, würde ich in die Mannschaftsaufstellung hineinrutschen; und es war ganz klar, worin dann meine Aufgabe bestand: nicht darin zu gewinnen, sondern mich nicht schultern zu lassen. Diese sportliche Laufbahn würde ich im günstigsten Fall damit verbringen, Vincent Buonomano gegenüberzutreten – wie beim allerersten Mal in der Grube.

Meine bescheidenen Erfolge in der Grube – nachdem Buonomano mich besiegt hatte –, machten es mir so schwer, mich mit der Rolle des Ersatzmanns abzufinden. In Exeter hatte ich immerhin drei Jahre lang an Wettkämpfen teilgenommen. Jahre später, als Trainer, hatte ich den größten Respekt vor den Ersatzringern in guten Ringermannschaften; durch sie wurde eine

Mannschaft erst richtig gut. Sie waren die notwendigen Trainingspartner, die an einem kleineren College, an dem das Ringen keinen so hohen Stellenwert hatte, durchaus für Wettkämpfe aufgestellt worden wären. Aber nachdem ich nun einmal das sportliche Niveau von Pittsburgh erlebt hatte, konnte ich mich nicht mit weniger zufriedengeben; und ich war auch nicht klug genug, um zu erkennen, welche Auszeichnung es war, der Ersatzmann für einen Ringer von Mike Johnsons Format zu sein. Stattdessen war ich enttäuscht von mir und von meinen Grenzen. Ich wollte von Pittsburgh weg, wusste aber nicht, wohin.

Mit den geisteswissenschaftlichen Fächern hatte ich ausnahmsweise nicht zu kämpfen; doch zum ersten Mal war ich (in diesen Fächern) faul. In der Ringerhalle arbeitete ich sehr hart, hatte aber – mangels Wettkämpfen außerhalb der Universität – keine Gelegenheit festzustellen, ob ich Fortschritte machte. Ich merkte nur, dass ich im Vergleich zu Moyer, Johnson, Heniff, Warnick und Carswell oder Caswell (oder wie immer der kräftige Rotschopf hieß) überhaupt nicht vorankam. Und alles außer Ringen ödete mich an; um einfach mehr mitzubekommen – da ich selbst nicht kämpfen durfte –, bat ich Coach Peery, mich als Teambegleiter auf die Fahrten zu Gastkämpfen mitzunehmen. Rex nahm mich mit; er wusste, dass ich entmutigt war, und wollte mir etwas Gutes tun – obwohl ich mich als Teammanager leicht ablenken ließ. (Leute, die mit offenen Augen träumen, sind als Manager ungeeignet.)

Rex Peery war immer freundlich zu mir, außer einmal, als er mir einen Haarschnitt verpasste. Wir waren unterwegs – wir befanden uns im Massageraum der United States Naval Academy oder des Maryland College –, und er hatte mich schon vor der Abreise aufgefordert, mir die Haare schneiden zu lassen. Ich wollte keineswegs aufsässig sein, sondern hatte es schlichtweg vergessen – ich hätte alles getan, um es Rex recht zu machen.

Coach Peery stülpte mir eine Nierenschale über – das war zwar eine Schüssel, aber keine runde – und schnitt mir die Haare mit einer vorn abgestumpften, aufgebogenen Verbandsschere, wie man sie zum Aufschneiden von Klebeverbänden an verletzten Knien und Schultern und Handgelenken und Fingern … und was sich sonst noch verbinden lässt, verwendet. (Am Ende einer

Ringkampfsaison war fast alles verbunden.) Alles in allem war es kein schlechter Haarschnitt – Rex hätte nie versucht, jemanden lächerlich aussehen zu lassen. Außerdem hatte ich mir – eine symbolische Entsprechung zu der Erfahrung, die ich in Pitt machte – den Haarschnitt selbst eingebrockt.

Die Hundert-Dollar-Taxifahrt

Etwa um diese Zeit begann ich zu rauchen – nur ein bisschen, wenn auch ein bisschen mehr als Sherman Moyer. Vielleicht hatte mich Moyer draufgebracht. Wenn ich es schon nicht schaffte, auf der Matte unter ihm herauszukommen, konnte ich ihn wenigstens beim Rauchen ausstechen. Es war ein alberner Versuch, sich vom Ringen zu verabschieden – davon verabschiedete ich mich erst mit siebenundvierzig, während ich das Rauchen aufhörte, kaum dass ich damit angefangen hatte. Fast jedes selbstzerstörerische Verhalten ist im Grunde lächerlich, egal welche komplexen, unbewussten Motive einen dazu zwingen. In Anbetracht meiner beschränkten Begabung konnte ich es mir schlecht leisten, mich bewusst um einen meiner wenigen Vorzüge als Ringer zu bringen – bevor ich zu rauchen angefangen hatte, war ich fantastisch in Form.

Ein Päckchen reichte mir mindestens eine Woche, manchmal auch zwei; und je mehr ich rauchte, umso härter trainierte ich. Welchen Sinn hatte das? Wenn man so wenig raucht, wird das Rauchen kaum zu einer Sucht – für mich wurde es nie eine. In Pittsburgh hätte ich wirklich einen Schulpsychiater brauchen können, und nicht etwa wegen meiner Rechtschreibschwäche. Im Hinterkopf hegte ich irgendwie die Hoffnung, die Freshman Eastern Intercollegiates könnten für mich die Rettung sein; die drei Pitt-Neulinge, die unverletzt und startberechtigt waren – ich war einer davon –, durften auf jeden Fall hinfahren.

Wahrscheinlich lag es an meinem bisschen Erfahrung als Teambegleiter, dass mir die Bustickets und das Taschengeld für die Fahrt nach West Point anvertraut wurden und Coach Peery mir die Verantwortung übertrug. Die Uni-Mannschaft blieb in Pittsburgh und bereitete sich auf die Nationalmeisterschaften vor, was bedeutete, dass kein Trainer Lee Hall, mich und Carswell oder Caswell – ich werde ihn von jetzt an Caswell nennen – zum Turnier an der United States Military Academy, kurz Army genannt, begleiten würde. Kein Problem, wie es schien. Ich hatte die Busfahrkarten von Pittsburgh zum Port Authority Bus Terminal in New York City und sogenannte ›Transferpässe‹ von New York nach West Point. Ich brauchte nur dafür zu sorgen, dass wir drei nach Manhattan kamen und in den erstbesten Bus stiegen, der den Hudson hinauffuhr. Ein Kinderspiel. Aber der Bus aus Pittsburgh hatte Verspätung; als wir den Busbahnhof erreichten, war es Mitternacht. Der nächste Bus nach West Point fuhr um acht Uhr früh, doch vom Ausfüllen der Anmeldeformulare her war mir noch in Erinnerung, dass das Wiegen für sieben Uhr angesetzt war.

»Wenn wir nicht pünktlich zum Wiegen kommen, können wir auch nicht ringen«, meinte Caswell.

»Was sollen wir tun?«, fragte mich Lee Hall.

Unwillkürlich musste ich an den Nierenschalenhaarschnitt denken und fragte mich, was Rex Peery von uns erwartet hätte. Wir hatten alle drei das ganze Jahr nur in der eigenen Ringerhalle mit Leuten aus unserer Mannschaft gerungen; hier ging es nicht darum, *ein* Turnier zu versäumen, sondern wir hätten unser einziges Turnier versäumt. Ich zählte das Taschengeld, das mir Coach Peery mitgegeben hatte: hundert Dollar. Unsere ›Transferpässe‹ für die Rückfahrt von West Point zum Port Authority Bus Terminal und unsere Rückfahrkarten von New York nach Pittsburgh hatte ich. Jetzt mussten wir nur noch zusehen, dass wir vor 7 Uhr morgens irgendwie nach West Point hinaufkamen. Wozu brauchten wir eigentlich die hundert Dollar? (Da wir Gewicht machen mussten, durften wir ohnehin nichts essen.)

Als wir den Busbahnhof verließen – inzwischen war Mitternacht längst vorüber –, war ich heilfroh, mich in Begleitung von Lee Hall, unserem heftig umworbenen Mittelgewicht, und Caswell, dem Kilo-für-Kilo-stärksten-Menschen zu befinden. (Caswell sollte am Army bei 62 Kilo ringen, ich war für die 58,5-Kilo-Klasse eingetragen.) Ich versuchte mein Glück bei einem Dutzend oder mehr Taxis, bis ich endlich einen Taxifahrer auftrieb, der bereit war, uns für hundert Dollar nach West Point zu bringen.

»West Point? Hundert Mäuse? Klar, Mann«, sagte der Fahrer. »Wo ist denn West Point?«

Caswell behauptete, er könne in einem fahrenden Auto nicht in die Karte schauen, ohne spucken zu müssen, und Lee Hall hatte nicht bequem auf dem Beifahrersitz Platz, weil ihn der Taxometer einengte (Lee musste noch viel Gewicht verlieren, um seine 80 Kilo zu erreichen).

Daher setzte ich mich nach vorn zum Fahrer und übernahm es, ihn zu dirigieren.

»Sie brauchen nur den Hudson raufzufahren«, erklärte ich ihm.

»Klar, Mann«, sagte er. »Wo rauf?«

Ich bin schon nonstop von New York nach Tokio geflogen; ich bin nonstop von Iowa City nach Exeter in New Hampshire gefahren. Aber diese Fahrt den Hudson hinauf war die längste meines Lebens. Haben nicht die Holländer den Hudson auf Booten erkundet? Nicht mal ein Boot hätte für die Strecke länger brauchen können.

Erstens war die einzig vorhandene Karte ein Stadtplan von Manhattan, Brooklyn, Queens und der Bronx. Zweitens erklärte uns unser Fahrer, sobald wir die Lichter der Stadt hinter uns gelassen hatten, er habe Angst vor der Dunkelheit.

»Ich bin noch nie im Dunkeln gefahren«, lamentierte er. »Jedenfalls nicht im Stockfinstern!«

Vorsichtig tasteten wir uns vorwärts. Schneeregen setzte ein. Wie es schien, führten nur Nebenstraßen nach West Point – zumindest waren das die einzigen Straßen, die wir entdecken konnten.

»Ich hab noch nie so viele Bäume gesehen«, jammerte der Fahrer. »Noch nie!«

Wenn unser Taxifahrer schon Angst vor der Dunkelheit und den ungewöhnlich vielen Bäumen hatte, so brachten ihn die Soldaten im Kampfanzug, die den eindrucksvollen Eingang zur Militärakademie der Vereinigten Staaten in West Point bewachten (vermutlich Angehörige der Militärpolizei), vollends aus der Fassung. Die Militärpolizisten hatten nicht damit gerechnet, dass vor Sonnenaufgang noch drei Ringer aus Pittsburgh eintreffen würden. Die anderen Ringer waren längst da – und vermutlich im Bett, meinten die Soldaten. Allerdings erübrigte es sich, dass wir unsere Sporttaschen aufmachten, um zu beweisen, dass wir Ringer waren; ein Blick auf Lee Hall genügte.

Nun ging es darum festzustellen, wo sich unsere Unterkunft befand. Wo waren all die anderen Ringer untergebracht? Die Soldaten am Tor hatten, obwohl sie so einschüchternd wirkten, nicht den Mut, den Ringertrainer anzurufen und sich zu erkundigen, wo wir schlafen sollten – inzwischen war es fast vier Uhr morgens, nur noch drei Stunden bis zum Wiegen. Lee Hall und Caswell wussten, woran ich dachte, als ich den Soldaten vorschlug, uns in der Sporthalle schlafen zu lassen. Ich erklärte ihnen, dass die Matten normalerweise am Abend zuvor ausgerollt würden, damit sie zu Beginn der Wettkämpfe flach auflagen und die Ecken nicht eigens am Boden fixiert werden mussten. Wir könnten auf den Matten schlafen, bot ich an, uns würde das nichts ausmachen.

Lee Hall und Caswell wussten, dass ich dabei an die Waage dachte, nicht an die Matten – mir ging es weder um die Matten noch ums Schlafen. Nur noch drei Stunden bis zum Wiegen, und wir hatten seit der Abfahrt von Pittsburgh keine Möglichkeit gehabt, unser Gewicht zu überprüfen. Wenn ich ein halbes Pfund zu viel wog, musste ich schwitzen; als wir losfuhren, hatte ich eineinhalb Pfund zu viel gehabt und seitdem nichts gegessen und getrunken. Wenn ich am Nachmittag vor dem morgendlichen Wiegen eineinhalb Pfund zu viel auf die Waage brachte, durfte ich knapp einen Viertelliter Wasser trinken und verlor trotzdem im Schlaf das nötige Gewicht. Ich hatte weder geschlafen noch den üblichen Viertelliter Wasser getrunken, brannte aber darauf, mich auf die Waage zu stellen, um mir Gewissheit zu verschaffen.

Die MPs hielten es für keine gute Idee, uns in die Sporthalle zu lassen. Irgendwo gab es einen Kasernenbau für Gastmannschaften; anscheinend waren sich die Soldaten da ziemlich sicher, obwohl sie nicht genau wussten, um welches Gebäude es sich handelte.

Lee Hall flüsterte mir zu, wir sollten zusehen, dass wir in irgendeinen warmen Raum kamen und »einfach laufen« konnten, um wenigstens Gewicht zu verlieren. Außerdem bliebe vor dem Wiegen ohnehin kaum mehr Zeit zum Schlafen. Lee hatte ganz recht.

Caswell sah erstaunlich ausgeruht aus; er hatte den ganzen Weg von Manhattan hierher geschlafen und betrachtete jetzt die düsteren Gebäude der Militärakademie mit der Neugier eines Kindes, das einen Vergnügungspark betritt – anscheinend machte sich Caswell nie Sorgen um sein Gewicht.

Erst da bemerkte ich, dass unser Taxifahrer Angst hatte, nach New York zurückzufahren; er könne unmöglich in die Stadt zurückfinden – »Nicht, wo es so stockfinster ist«, sagte er. Die MPs wussten erst recht nicht, wo sie ihn unterbringen sollten.

Einer der Soldaten nahm allen Mut zusammen

und griff zum Telefonhörer. Ich kenne weder den Namen noch den Rang des Mannes, der geweckt wurde, aber seine Stimme war außerordentlich laut und kräftig. Wir wurden in einem Jeep zu einem dunklen Gebäude gebracht – der Taxifahrer ebenfalls. Die Schlüssel zu seinem Wagen hatte er den MPs am Tor liebend gern ausgehändigt. Es war eines dieser Wohnheime, in denen sich die Treppenhausbeleuchtung von selbst abschaltet; in jedem Stockwerk gab es einen einzigen Schalter, mit dem man die Lichter im ganzen Treppenhaus anmachte. Er befand sich jeweils auf dem Treppenabsatz neben der Flurtür und war an einem kleinen, mattgelb wie ein Katzenauge schimmernden Lämpchen zu erkennen. Das Licht »tickte« jedes Mal zwei Minuten lang und erlosch dann. Um es wieder anzuschalten, musste man das nächste Katzenauge suchen. Die reinste Foltermethode. Unterdessen rannten oder joggten ein paar Ringer die Treppen auf und ab – manchmal bei Licht, manchmal im Dunkeln, je nach Laune der Zwei-Minuten-Beleuchtung im Treppenhaus. Einer dieser Treppenläufer führte uns zu einem riesigen, miefigen, überhitzten Raum, in dem auf Pritschen jede Menge Ringer lagen – vollständig angezogen und unter Bergen von Decken, um im Schlaf das überflüssige Gewicht herunterzuschwitzen. (Die meisten von ihnen lagen im Dunkeln wach.)

»Mann, hier drin stinkt's vielleicht«, sagte unser Taxifahrer.

Auf den ersten Blick sah es so aus, als gäbe es keine leeren Pritschen mehr, aber Caswell störte das nicht. Er machte es sich auf dem Boden auf seiner Sporttasche bequem und schlief vermutlich schon, bis Lee Hall und ich in unsere Trainingsanzüge geschlüpft waren und im Treppenhaus umherrannten. Die Läufer, die auf den Treppen auf und ab gelaufen waren, hatten offenbar Folgendes vereinbart: Sobald die Lichter ausgingen, hielt derjenige, der am nächsten an einem Treppenabsatz war, Ausschau nach dem mattgelben Lämpchen. Die anderen liefen weiter, ob Licht brannte oder nicht. Niemand auf der Treppe sprach. Ab und zu rief ich: »Lee?«, und Lee Hall antwortete dann: »Was?«

Nach fünfzehn bis zwanzig Minuten schwitzte ich, wie beabsichtigt; ich trabte etwas langsamer weiter, gerade so schnell, dass ich nicht zu schwitzen aufhörte. Ich muss wohl geschlafen haben, als ich im Dunkeln gegen eine Wand rannte. Meine Augenbraue platzte auf. Ich konnte spüren, dass sie blutete, wusste aber nicht, wie schlimm der Riss war.

»Lee?«, rief ich.

»Was?«, antwortete Lee Hall.

Ein Dieb

Beim Wiegen brachte ich 58 Kilo auf die Waage. Der Army-Betreuer rasierte mir die Augenbraue ab und legte mir ein Zugpflaster an; er riet mir, den Riss gleich bei meiner Rückkehr nach Pittsburgh ordentlich nähen zu lassen. Ich merkte, dass ich zu lange gelaufen war, weil sich meine Beine taub anfühlten.

Nach dem Wiegen gingen wir ins Kasino, und da war auch unser Taxifahrer; es ist Zeit, dass er einen Namen bekommt – ich werde ihn Max nennen.

»Was machst du denn hier, Max?«, fragte ich. Zunächst einmal verdrückte Max ein gewaltiges Frühstück – um sich Mut für die Rückfahrt nach Manhattan zu machen, dachte ich zunächst. Aber Max hatte beschlossen, noch hierzubleiben und sich die Vorrunden anzusehen.

»Wenn ihr drei gewinnt, trete ich vielleicht in der nächsten Runde an«, erklärte er uns. »Außerdem ist draußen noch immer Schneeregen.« Bei Tageslicht wirkte Max beinahe kultiviert. Und er schien uns quasi adoptiert zu haben. Wir versuchten uns auf das Turnier zu konzentrieren, sodass wir ihm nicht sehr viel Aufmerksamkeit schenkten. Lee Hall verdrückte ein viel größeres Frühstück als ich; mein Magen war zusammengeschrumpft, ich hatte Hunger, fühlte mich aber nach einem halben Schälchen Haferflocken pappsatt. Caswell hielt zufrieden, wie es seine Art war, ein Schläfchen im Umkleideraum, nachdem er eine stattliche Anzahl pfannkuchenähnlicher Fladen verputzt hatte.

An den Wänden der Sporthalle wurden die Paarungen für die verschiedenen Gewichtsklassen angeschlagen, und Lee Hall und ich schauten uns die Listen für 59 und für 80 Kilo an. Mir wäre es lieber gewesen, Caswell hätte nicht geschlafen, weil ich gern noch ein paar Würfe geübt hätte und Lee Hall und ich wegen des Größenunterschiedes nicht gut miteinander trainieren konnten. Also rollte ich allein auf der Matte herum, während die Zuschauer allmählich hereingeschlendert kamen. Wir befanden uns in einer alten, ovalen Sporthalle, um die oben eine Holzbahn herumlief – eine langgezogene Version der

Grube in Exeter, nur mit einer riesigen Bodenfläche, auf der gut ein halbes Dutzend Matten für die Vorrunden ausgerollt waren; an der Längswand der Halle zog sich eine lange Reihe Zuschauersitze entlang, die fast bis an die Matten heranreichten.

Ich hielt Ausschau nach meinen Eltern; obwohl sie die Fahrt in zwei Tagen zurücklegen wollten – sie waren gestern von New Hampshire losgefahren und hatten bei Freunden in Massachusetts übernachtet –, sah es ihnen nicht ähnlich, zu spät zu kommen. Je nach Anzahl der Teilnehmer in der eigenen Gewichtsklasse konnte es passieren, dass man vor dem Viertelfinale am Spätnachmittag zwei bis drei Vorkämpfe absolvieren musste; das Halbfinale sollte am Abend stattfinden. Der nächste Tag begann mit den sogenannten Hoffnungs- oder Trostrunden, die zum Hoffnungsfinale führten; das Finale war für morgen Nachmittag angesetzt. Bis wir nach New York zurückkamen, würde es dunkel sein, überlegte ich, und dann hatten wir noch die lange nächtliche Busfahrt nach Pittsburgh vor uns, auf der wir bestimmt Hunger bekamen. Zwar stand uns kein Wiegen mehr bevor, aber Geld für Essen hatten wir auch keines. Es war schon merkwürdig, ohne Trainer an einem großen Turnier teilzunehmen.

Da ich in der Kategorie bis 59 Kilo rang und Caswell bis 62 Kilo, war damit zu rechnen, dass wir häufig gleichzeitig oder überlappend auf verschiedenen Matten kämpften, sodass wir uns nicht gegenseitig coachen konnten; Lee Hall würde sich entscheiden müssen, ob er mich oder Caswell betreuen wollte. Wie sich herausstellte, waren immer dann, wenn Lee Hall an der Reihe war, sowohl Caswell als auch ich verfügbar. Doch Lee benötigte wenig Unterstützung; er kämpfte sich bestimmt ohne Schwierigkeiten bis ins Finale vor – seine Gegner überstanden selten die zweite Runde. Caswell und ich würden ihm nur zurufen, wie viel Zeit noch zu ringen war; mehr brauchte Lee nicht zu wissen, den aktuellen – ungleichgewichtigen – Punktestand musste man ihm nicht mitteilen.

John Carr, unser nicht startberechtigter (oder verletzter) 71-Kilo-Mann, war nicht mit nach West Point gefahren, aber sein Vater war da. Mr. Carr erbot sich, Caswell, Lee Hall und mich zu coachen. Mr. Carr liebte das Ringen und hatte die sportliche Laufbahn seines Sohnes bestimmt viele aufregende Jahre lang verfolgt – John Carr war ein exzellenter Ringer. Ich weiß noch, dass ich damals dachte: Mr. Carr ist sicher enttäuscht, wenn er mich ringen sieht. Sonst erinnere ich mich kaum an die Vorrunden. Ich besiegte zwei Gegner von Unis mit einsilbigen Namen (wie Pitt). Vermutlich handelte es sich um Yale und Penn, aber das spielt keine Rolle; in beiden Kämpfen schaffte ich den ersten Niederwurf so sauber, dass ich ihn mehrmals wiederholte.

Man bringt den Gegner auf die Matte und erhält dafür zwei Punkte; man lässt ihn los, er bekommt einen Punkt – dann bringt man ihn wieder in die Bodenlage. Hat man dieses Spielchen dreimal wiederholt, führt man 6 zu 3. Danach muss der andere zusehen, dass er aufholt, was es einem leichter macht, ihn zu Boden zu bringen. Ich wandte Warnicks Armzug an, mit dem mich dieser in der Pitt-Ringerhalle den ganzen Winter über auf die Matte geschickt hatte; ich machte einen Durchschlüpfer, allerdings keinen annähernd so eleganten, wie Mike Johnson ihn etwa hundertmal in der Woche bei mir anzuwenden pflegte. Jedenfalls rückte ich ins Viertelfinale vor, wobei mir klar wurde, dass ich im Verlauf der Schlappen, die ich in Pitt hatte einstecken müssen, doch ein bisschen dazugelernt hatte.

Im Viertelfinale schulterte ich einen Kerl aus dem R. P. I. – woher er kam, weiß ich nur deshalb noch, weil Lee Hall oder Caswell mich fragte, was diese Abkürzung bedeutet, und mir auffiel, dass ich weder wusste, wie man Rensselaer, noch wie man Polytechnic schreibt. Auf einmal war ich im Halbfinale.

Diese Stunde – vielleicht waren es auch zwei oder drei Stunden – zwischen Viertel- und Halbfinale war die schönste Zeit meiner einen Wettkampfsaison in Pittsburgh. Und da wusste ich auf einmal, dass ich nicht zurückkehren würde. Lee Hall unterhielt sich kurz mit mir; er meinte, was für eine phantastische Anfängermannschaft wir doch hätten – nur schade, dass die meisten nicht mitkämpfen konnten. Er sei überzeugt, dass Pitt sich in diesem Turnier den Mannschaftstitel geholt hätte – wenn Johnson, Heniff, Warnick, O'Korn und Carr dabei gewesen wären. Ich musste Lee recht geben. Aber wenn diese fünf dabei gewesen wären, hätte ich nicht teilnehmen können. In dieser Aufstellung war für mich kein Platz. Caswell hätte mir zugestimmt, denn in dem Fall wäre auch für ihn kein Platz gewesen.

Und so begann ich es zu genießen, einfach nur am Halbfinale teilzunehmen. Das ist natürlich fatal, weil man ans Gewinnen denken muss und nicht daran, dass es ein schönes Gefühl ist, dabei zu sein. Außerdem ist es fatal, sich ablenken zu lassen, und ich war etwas abgelenkt; der Gedanke, dass ich nicht nach Pittsburgh zurückkehren würde, war mir schon vor diesem Turnier durch den Kopf gegangen, aber jetzt wusste ich es mit Bestimmtheit. Dazu kam, dass ich mir Sorgen wegen meiner Eltern machte. Wo steckten sie bloß?

Ich rief die Freunde in Massachusetts an, bei denen sie übernachtet hatten; zu meiner Überraschung ging meine Mutter ans Telefon. Was hier in West Point als Graupelschauer herunterkam, fiel in New England als Schnee; meine Eltern mussten erst das Ende der heftigen Schneefälle abwarten. Ob ich im Halbfinale gewann oder verlor, ringen würde ich am nächsten Tag auf jeden Fall – entweder im Finale oder in den Hoffnungsrunden, die am Ende zu einem dritten oder vierten Platz führen konnten. Das bedeutete, dass mich meine Eltern morgen so oder so ringen sahen. Für sie war es eine lange Fahrt von New Hampshire nach West Point; sie hatten keinen meiner Wettkämpfe in Exeter versäumt, und ich verspürte allmählich einen gewissen Druck – ich wollte ihnen zuliebe gewinnen. Auch das ist fatal, weil es die falsche Art von Druck ist. Man muss für sich selbst gewinnen wollen.

Da mir so viel anderes durch den Kopf ging, fiel mir gar nicht auf, dass Max, unser Taxifahrer, nirgends mehr zu sehen war; vielleicht fand er es doch nicht so interessant, uns ringen zu sehen, wie er behauptet hatte. Erst später am Abend erfuhr ich, dass einige andere Ringer bestohlen worden waren; sie hatten vergessen oder es versäumt, ihre Brieftaschen und Armbanduhren in der ›Wertsachenschachtel‹ der Mannschaft zu deponieren, und sie einfach im Umkleideraum zurückgelassen. Mein Verdacht fiel sofort auf Max. Rückblickend verfügte er über die perfekte Mischung aus spontanem Charme und zwanghafter Tücke, die ich mit einem Dieb assoziiere. Doch seine panische Angst vor der Nacht und vor den vielen, vielen Bäumen konnte unmöglich Theater gewesen sein – es sei denn, ich hätte sein schauspielerisches Talent erheblich unterschätzt.

Das Halbfinale

Im Halbfinale war ich, wie Coach Seabrooke zu sagen pflegte, »halbwegs passabel«, aber mein Gegner war gut. Er kam von der Cornell Law School, galt als Favorit für diese Gewichtsklasse und war auf Startnummer eins gesetzt worden. Da kein Trainer dabei war, der mich kannte – in Anbetracht der Tatsache, dass sein Sohn ein exzellenter Ringer war, überschätzte Mr. Carr großzügig meine Fähigkeiten –, kämpfte ich äußerst behutsam, was, wie Ted Seabrooke sofort gewusst hätte, für mich die einzige Chance war, gegen einen besseren Ringer zu gewinnen. Mir gelang sogar der erste Wurf. Aber der Cornell-Junge befreite sich sofort aus der Bodenlage – ich konnte ihn nicht lange genug in der gefährlichen Lage festhalten, um dafür einen Punkt zu bekommen – und heimste unmittelbar vor Ende der ersten Runde Punkte für einen geschickten Niederwurf am Mattenrand ein, sodass mir keine

Zeit mehr blieb, mich zu befreien. Zu Beginn der zweiten Runde hinkte ich 3 zu 2 hinterher und durfte mir die Kampfstellung aussuchen (für mich war das Jacke wie Hose); ich entschied mich für die Bodenlage. Schließlich befreite ich mich, bekam dafür einen Punkt, aber der Cornell-Ringer hatte mich länger als eine Minute beherrscht. Auf der Anzeigetafel stand es 3 zu 3, aber ich wusste, dass er noch einen Zusatzpunkt bekam (weil er mich länger als eine Minute in der Bodenlage gehalten hatte), sodass es zu Beginn der dritten Runde 4 zu 3 hieß – es sei denn, ich konnte jetzt ihn lange genug in der Bodenlage halten, um diesen Punkt wettzumachen. Er befreite sich in weniger als fünfzehn Sekunden, sodass es auf der Anzeigetafel 4 zu 3 hieß – in Wirklichkeit (mit Zusatzpunkt) aber 5 zu 3. Ich wusste, dass es für mich grundsätzlich im Bereich des Möglichen lag, die zwei Punkte Differenz in der letzten Runde aufzuholen.

Dann hatte ich Glück: Mein Zugpflaster über der Augenbraue war durchgeweicht, sodass ich auf die Matte blutete. Der Kampfrichter unterbrach, damit das Blut abgewischt und ich schnell frisch verbunden werden konnte. Obwohl ich nur sehr wenig geraucht hatte, war ich erschöpft;

freilich hätte man meine Müdigkeit mit Fug und Recht dem Schlafmangel zuschreiben können oder der Tatsache, dass ich in den frühen Morgenstunden treppauf und treppab (und dann noch gegen eine Wand) gerannt war, aber in meinen Augen waren die Zigaretten dafür verantwortlich. Dass ich als Ringer »halbwegs passabel« war, lag in erster Linie an meiner guten Kondition; und nun hatte mir die kurze Unterbrechung wegen meiner blutenden Augenbraue zu einer dringend benötigten Pause verholfen. (Zu jener Zeit dauerte ein College-Ringkampf neun Minuten; von der Prepschool her war ich sechs Minuten gewohnt. Eine Runde zu drei Minuten erscheint einem sehr viel länger als eine Zwei-Minuten-Runde. Heutzutage dauert ein College-Wettkampf insgesamt nur sieben Minuten – aufgeteilt in Runden zu drei, zwei und zwei Minuten –, während die Wettkämpfe auf Highschool- und Prepschool-Ebene so lange dauern wie eh und je: sechs Minuten, verteilt auf dreimal zwei Minuten.)

Ich hatte noch einmal Glück: Der Mattenrichter verwarnte den Cornell-Ringer wegen Passivität. Eine fragwürdige Verwarnung. Bei einem Punktestand von 4 zu 3 auf der Anzeigetafel (tatsächlich 5 zu 3) hieß das, dass ein Niederwurf zu einem Unentschieden führen konnte; für mich konnte er sogar den Sieg bedeuten – vorausgesetzt, ich schaffte es, meinen Gegner lange genug in der Bodenlage zu halten, um seinen Zusatzpunkt wettzumachen. Falls der Kampf unentschieden ausging, würde ihm die Verwarnung wegen Passivität schaden; die Regeln für dieses Turnier sahen keine Verlängerung bis zur Vergabe des ersten Punktes vor, also bedeutete Punktgleichheit, dass die Entscheidung beim Kampfrichter lag. Ich war überzeugt, dass sie wegen der Passivitätsverwarnung meines Gegners zu meinen Gunsten ausfallen würde, und ging davon aus, dass ich bei gleichem Punktestand gewinnen würde.

Ich erinnere mich nicht mehr, wie ich meinen Gegner zu Fall brachte – ob mit Warnicks Armzug oder Johnsons Durchschlüpfer oder einer Außensichel, dem besten Standgriff für einen Niederwurf, den ich in Exeter gelernt hatte –, aber die Uhr zeigte weniger als zwanzig Sekunden an und die Anzeigetafel 5 zu 4 zu meinen Gunsten. Mein Gegner hatte den Zusatzpunkt fest in der Tasche – ich konnte seinen Vorsprung nicht in weniger als zwanzig Sekunden zunichte machen –, und folglich würde der Kampf unentschieden 5 zu 5 enden, wenn, ja wenn es mir gelang, ihn festzuhalten.

Es folgte ein Gerangel, eine jener Balgereien, vor denen mich Coach Seabrooke ausdrücklich gewarnt hatte; zu meinem Glück rollten wir beide über den Mattenrand. Als uns der Kampfrichter auf die Wettkampffläche zurückschickte, zeigte die Uhr nur noch fünfzehn Sekunden an; ich brauchte ihn also nur noch fünfzehn Sekunden lang zu beherrschen. Bei jedem Training in jeder Ringerhalle Amerikas macht man eine bestimmte Übung, die manchmal als »Ausbrechen« bezeichnet wird. Der eine versucht den anderen festzuhalten, der andere versucht sich zu befreien.

Ich weiß nicht mehr, wie sich mein Gegner aus der Bodenlage befreite, aber es gelang ihm blitzschnell. Mir blieben weniger als fünf Sekunden, um einen verzweifelten Ansatz zu einem Niederwurf zu machen; ich hatte die Aktion noch nicht annähernd beendet, als der Gong ertönte – ich hatte 6 zu 5 verloren. Ich brachte es nicht fertig, mir den Cornell-Jungen im Finale anzusehen, und ich weiß auch nicht, ob er in unserer Gewichtsklasse gewonnen hat oder nicht – oder vielmehr, ich erinnere mich nicht mehr, wie so häufig. Ich weiß nur, dass er sich von Sherman Moyer nicht hätte befreien können, und wenn der Kampf fünfzehn *Minuten* gedauert hätte.

Punkt für Punkt, Aktion um Aktion weiß man nie, wie weit man in einem Turnier bis ans Finale heranrückt, bis es eben so weit ist. Ich rief meine Eltern in Massachusetts an und bat sie, am nächsten Morgen zeitig in West Point zu sein, da die Hoffnungsrunden ziemlich früh begannen. Wenn ich meinen ersten Hoffnungskampf verlor, bedeutete das, dass ich aus dem Turnier ausschied und den Rest des Tages als Zuschauer verbrachte. Gewann ich, durfte ich weiterringen; ich konnte es bis zum dritten Platz bringen, wenn ich ausschließlich gewann.

Mein nächster Gegner kam von der Militärakademie – ein Favorit der heimischen West-Point-Fans. Ich erinnere mich noch an die vielen Kadetten in Grau, die sich über die Balustrade der Holzbahn beugten, die oben um die Sporthalle herumlief, und auf die Matten herunterblickten; ich habe ihr Geschrei noch deutlich im Ohr. Diese Teetasse war zwar größer als die Grube in Exeter, aber der Teetasseneffekt war derselbe – nur waren es seine Fans und nicht meine. Gegen den Cornell-Jungen hatte ich so gut gerungen, wie ich es eben vermochte. Mag sein, dass es an den Kadetten lag, vielleicht versuchte ich auch, meine Eltern mit dem zu beeindrucken, was ich in Pitt gelernt hatte; egal weshalb, jedenfalls kämpfte ich gegen den Army-Ringer nicht so, wie Ted Seabrooke es mir nahegelegt hätte. Der Kampf artete in eine einzige Balgerei aus; er war von A bis Z ein Gerangel. Dabei wusste ich von Anfang an, dass ich das nie gewinnen konnte.

Um mir selbst Gerechtigkeit widerfahren zu lassen, muss ich sagen, dass meinem Gegner nicht nur der erste Wurf gelang, sondern dass ich auf dem Rücken landete und außer den Punkten für den Niederwurf noch drei Punkte für die Brückenlage abgeben musste. Als ich ihn drehte, lag ich noch immer 5 zu 2 im Rückstand; er drehte mich gleich wieder, aber ich konnte mich sofort befreien. Als mir eine Sekunde Zeit blieb, um einen Blick auf die Anzeigetafel zu werfen, stellte ich fest, dass es 7 zu 3 zu meinen Ungunsten stand, und dabei hatte die erste Runde gerade angefangen. In so einer Situation darf man das Tempo nicht verlangsamen, und so kam es eben, dass der Kampf in eine Rangelei ausartete. Ich machte weiterhin Punkte, aber mein Gegner ebenfalls; sooft ich auf den Punktestand schaute, war ich nicht mehr als fünf, aber auch nicht weniger als drei Punkte im Rückstand. Die Kadetten brüllten, nicht nur, weil ihr West-Point-Mann am Gewinnen war, sondern weil die Zuschauer einen solchen Kampf lieben – Massen lieben solche Balgereien. An das Endergebnis erinnere ich mich nicht mehr: 15 zu 11, 17 zu 13 oder … Ted Seabrooke hätte mir wieder einmal erklärt, dass ich aus einem Kampf mit einem solchen Ergebnis nie als Sieger hervorgehen würde. Das war mein letzter Wettkampf in einem Pittsburgh-Trikot, das ich zwei volle Tage lang getragen hatte.

Meine Eltern waren so rücksichtsvoll, mir nicht zu sagen, ob ich sie enttäuscht oder nur nicht beeindruckt hatte. Meine Mutter war entsetzt, wie mager ich war. Durch das intensive Training in Pitt hatte ich viel an Kraft dazugewonnen, war aber trotzdem dünner als in Exeter; im Gegensatz zu Larry Palmer hatte ich mit fünfzehn aufgehört zu wachsen. Meine Mutter machte sich Sorgen wegen meines Gewichts. Deshalb gelang es mir auch, ihr ein bisschen Geld abzuknöpfen, mit dem Caswell, Lee Hall und ich uns auf der Heimfahrt nach Pittsburgh etwas zu essen kaufen konnten. Ich glaube nicht, dass ich meinen Eltern von der Hundert-Dollar-Taxifahrt erzählt habe; aber dass ich ihnen nichts von meinem Entschluss erzählt habe, von Pittsburgh wegzugehen, weiß ich bestimmt – noch wusste ich ja nicht, wo ich hinwollte.

Ich weiß nicht einmal mehr, ob Lee Hall die Freshman Easterns gewann oder im Finale unterlag; es sah ihm nicht ähnlich zu verlieren, aber ich erinnere mich dunkel daran, dass er einen schwierigen Gegner hatte – vom Lehigh College, wenn ich mich nicht irre, aber wie man weiß, lässt mein Gedächtnis zu wünschen übrig. Zum Beispiel erinnere ich mich auch nicht mehr, wie sich Caswell geschlagen hat; unter dem Strich hat er, glaube ich, ähnlich wie ich ein paar Kämpfe gewonnen und ein paar verloren – sicher weiß ich, dass er es nicht bis ins Finale schaffte, aber möglicherweise kam er in die Wertung. (Caswell machte alles auf eine sehr freundliche und effektive Art und beklagte sich nie; wahrscheinlich bin ich mir deshalb nicht einmal bei seinem Namen sicher.)

Nie vergessen werde ich, dass ich bei unserer Rückkehr nach Pittsburgh Coach Peery beichten musste, dass ich das ganze Taschengeld ausgegeben hatte.

»Ihr habt ein Taxi genommen?«, fragte Rex immer wieder.

Meine Hochachtung vor Rex war so groß, dass ich es nicht übers Herz brachte, ihm zu sagen, warum ich Pitt verlassen wollte – in erster Linie deshalb, weil ich es nicht ertragen konnte, ewig ein Ersatzmann zu sein. Stattdessen erfand ich eine Freundin, die zu Hause auf mich wartete und die ich sehr vermisste; das klang meiner Ansicht nach menschlicher und war eher verzeihlich. Dabei hatte ich weder zu Hause noch in Pittsburgh eine Freundin.

Meine Exfreundin kam aus Connecticut und verbrachte damals gerade ein Jahr in der Schweiz. Unterdessen schrieb ich ein fiktives Tagebuch – das einzig Eigenständige, was ich während meiner Zeit in Pitt überhaupt schrieb; ich stellte mir vor, dass ich es meiner Exfreundin zeigen und sie damit zurückgewinnen würde. Alles in diesem »Tagebuch« war erfunden, denn das Jahr, das ich hier verbracht hatte, weckte in mir nicht gerade den Wunsch, darüber zu berichten. Ohne mir dessen bewusst zu sein, hatte ich damals eine Aufgabe in Angriff genommen, die sich jedem Schriftsteller stellt – nämlich sich selbst zu erfinden. Bevor ich darangehen konnte, etwas anderes zu erfinden, musste ich üben.

Ein kurzes Gespräch in Ohio

Abgesehen von der Enttäuschung über meine Leistungen als Ringer erlebte ich in Pittsburgh eine noch schlimmere Niederlage: Im ersten Jahr Englisch, in dem ich die Note C- erhielt, musste ich mir von einem Dozenten, dem noch weniger Bart spross als mir selbst, sagen lassen, meine übermäßige Verwendung des Semikolons sei völlig veraltet. Ich werde ihn Professor C- nennen und sofern er meine Bücher liest, was mich überraschen würde, möchte ich nicht wissen, was er heutzutage von meinen Strichpunkten hält. Wenn sie 1962 schon veraltet waren, müssen sie inzwischen hoffnungslos antiquiert sein.

Doch trotz dieser entmutigenden Erlebnisse habe ich weder das Schreiben noch das Ringen aufgegeben. Ich kehrte in meinen Heimatstaa New Hampshire zurück, nicht unbedingt, um meine Wunden zu lecken. Obwohl ich aus Pittsburgh wenig beeindruckende Zensuren mitbrache, musste mich die Universität New Hampshire als Bürger dieses Bundesstaates zulassen. Dort absolvierte ich auch den ersten Kurs in Creative Writing, jedenfalls dem Namen nach. Der Dozent war ein Romanautor aus dem Süden namens John Yount, ein einnehmender, gutmütiger und warmherziger Mann, der bei meinen Strichpunkten nicht mit der Wimper zuckte.

Zur selben Zeit wurde ich Co-Trainer an der Exeter Academy und nahm »extern« an diversen »offenen« Turnieren in New England und im Staat New York teil, da die Universität New Hampshire keine Ringermannschaft hatte.

Die Konkurrenz bei den sogenannten offenen Turnieren bestand aus einer bunten Mischung: Außer den besseren, etwas älteren Highschool-Ringern nahmen viele Studenten im ersten College-Jahr teil und solche, die in College-Mannschaften kaum eine Chance hatten; dazu kamen immer ein paar ältere College-Absolventen – teilweise hervorragende Athleten, oft die besten bei diesen Turnieren, während andere … na ja, zu alt oder einfach nicht mehr in Form. Ich selbst war halbwegs in Form – nicht in Pittsburgh-Form, aber das hier war auch nicht Pittsburgh.

Obwohl ich keiner Mannschaft angehörte, trat

ich in meinem alten Exeter-Trikot an – mit Ted Seabrookes Segen. Bei den Würfen hatte ich ganz guten Erfolg mit Warnicks Armzug, Johnsons Durchschlüpfer und meiner eigenen Außensichel; um im Stand – also in der Grundstellung – einen Angriff zu kontern, beherrschte ich eine ziemlich gute Schleuder. Sherman Moyer hatte mir beigebracht, wie wichtig die Handkontrolle war: Befand ich mich in der Oberlage, konnte mir der andere nicht so leicht entkommen, aber Schultersiege waren nicht meine Stärke; und befand ich mich in der Bodenlage, war es schwer, mich am Boden zu halten – obwohl Moyer es geschafft hatte, mich zu beherrschen, bis die Uhr abgelaufen war.

Statt mein Gewicht zu reduzieren, fing ich an Gewichte zu stemmen. Da ich das Limit von 59 Kilo nicht erreichen konnte, wollte ich mir genug Kraft antrainieren, um in der 62- oder 66,5-Kilo-Klasse zu ringen. (In den offenen Turnieren variierten die Gewichtsklassen zwischen College- und Freistil-Klassen – manchmal trat ich in der Kategorie bis 61,5 oder 62 Kilo an, ein andermal in der bis 66,5 oder 67,5 Kilo.) Ein Faktor, der mein Gewicht beeinflusste, war das Bier. Mitte der Wettkampfsaison 1963 wurde ich einundzwanzig, und etwa zur selben Zeit, als ich mit dem Rauchen aufhörte, gewöhnte ich mir das Biertrinken an.

Es ist nicht verwunderlich, dass sämtliche Schriftsteller (und Möchtegern-Schriftsteller) an der Universität New Hampshire rauchten und tranken; aber dass ich jeden Tag eine Dreiviertelstunde von Durham nach Exeter zum Training und an vielen Wochenenden zu Turnieren fuhr, empfanden sowohl ich als auch meine neuen, literarisch ambitionierten Freunde als extrem unpassend für einen angehenden Autor. Damals wurde mir zum ersten Mal bewusst, dass meine schreibenden und meine ringenden Freunde in den seltensten Fällen gut miteinander auskommen würden; vorübergehend gab ich diese Zweigleisigkeit selbst auf, weil ich überzeugt war, dass ich nur eines sein konnte: Ringer oder Schriftsteller, nicht aber beides zugleich.

Im März 1963 fuhren Ted Seabrooke und ich nach Ohio an die Kent State University, um uns das NCAA-Turnier anzusehen. Von der Zuschauertribüne aus erlebte ich mit, wie meine alten Mannschaftskameraden von der Pitt All-Americans wurden: Jim Harrison ging als Sieger aus dem Turnier hervor, Mike Johnson unterlag im

Finale, Timothy Gay belegte in der Wertung Rang fünf, Kenneth Barr wurde sechster. (Ich halte das NCAA-Turnier der Klasse I für das anspruchsvollste Ringkampfturnier überhaupt; es ist sowohl in mentaler als auch in körperlicher Hinsicht härter als die Olympischen Spiele – einmal, weil sich die College-Ringer selbst ungeheuer unter Druck setzen, All-Americans zu werden, aber auch, weil so viele Athleten einander ebenbürtig sind. An dem Turnier im Jahr 199 nahmen sechs amtierende amerikanische Meister teil; nur zwei von ihnen konnten ihren Titel verteidigen – und aus den zehn Gewichtsklassen gingen nur vier der auf Startnummer eins gesetzten Ringer als Sieger hervor.)

Mit einem Jahr Abstand von Pittsburgh erkannte ich, wie weit ich von den Spitzenleuten der Wettkampfszene entfernt war – ein deprimierendes Gefühl; ich war einundzwanzig und hatte den Eindruck, auf dem einzigen Gebiet, in dem ich einigermaßen gut gewesen war, versagt zu haben. Schlimmer noch, ich hatte aufgegeben. Auf dem Heimweg von der Kent State erzählte mir Ted, er habe sich mit meinem Pitt-Trainer Rex Peery unterhalten. Rex hatte sich freundlich über mich geäußert, wie es seine Art war, und gemeint, hoffentlich hätte ich »das Problem mit meiner Freundin« gelöst.

»Was für ein Problem mit deiner Freundin?«, fragte Ted.

Ich musste ihm beichten, dass ich Coach Peery angelogen hatte, was meine Gründe betraf, Pittsburgh den Rücken zu kehren. Mike Johnson war gerade amerikanischer Vizemeister geworden; und ich hatte die Pitt-Mannschaft verlassen, weil ich mich nicht damit abfinden konnte, vier Jahre als Johnsons Trainingspartner zuzubringen. Viel unehrenhafter, als ein Ersatzmann für Mike Johnson zu sein, war die Tatsache, dass ich Rex belogen hatte – ausgerechnet eine Freundin musste ich erfinden.

»Johnny, Johnny«, sagte Ted Seabrooke zu mir. (Wir standen nebeneinander an einem Pinkelbecken, noch immer in Ohio.) »Du brauchst das Ringen nicht aufzugeben, nur weil du nicht der Beste bist«, erklärte er mir. »Du kannst trotzdem ringen. Und du wirst diesen Sport immer lieben – da kannst du gar nichts dagegen machen.«

Damals leuchtete mir das nicht ein. Ich bildete mir ein, nur das tun und lieben zu können, worin ich spitze war, und John Yount hatte mir gesagt, ich hätte das Zeug zum Schriftsteller.

»Dann mach das«, meinte Coach Seabrooke.

Ted brachte mich auf die Idee, New Hampshire den Rücken zu kehren; er meinte, ich solle nicht länger zu Hause wohnen und in der Ringerhalle meiner alten Schule herumhängen – und wenn ich schon das Ringen aufgeben wolle, solle ich mehr Nägel mit Köpfen machen. Er riet mir dringend, von hier wegzugehen – weit weg. Freilich war Pittsburgh »weg« gewesen, aber nicht weit genug.

Ein Jahr im Ausland

John Yount redete mir zu, mich für ein Studienjahr im Ausland zu bewerben; schließlich bekam ich eine Zusage vom Institut für Europäische Studien in Wien. Ich fuhr nach Europa und fühlte mich, zum allerersten Mal, »wie ein Schriftsteller«.

Ich nahm pro Woche zwölf Einzelstunden Deutschunterricht, kann die Sprache aber bis heute nur stockend sprechen. Wenn jemand deutsch mit mir spricht, verstehe ich kaum etwas, und beim Lesen werde ich höchstens an meine Legasthenie erinnert – diese vertrackten Verben, die am Ende der Sätze lauern und darauf warten, dass man sie wieder an die Satzteile hängt, zu denen sie gehören.

Meine Lieblingsseminare am Institut für Europäische Studien hielt ein Engländer namens Edward Mowatt, bei dem ich mich (nicht unbedingt in dieser Reihenfolge) eingehend mit Wittgenstein und den griechischen Moralphilosophen beschäftigte. Bei Dr. Felix Korninger von der Universität Wien belegte ich Seminare über den viktorianischen Roman. Professor Korninger war Österreicher und hatte früher einmal an der Universität Texas unterrichtet; er sprach englisch mit einem ausgesprochen originellen texanisch-österreichischen Akzent – eine Mischung aus Lyndon B. Johnson und Arnold Schwarzenegger.

In Wien teilte ich mit einem anderen Amerikaner, der Eric Ross hieß und aus Chicago kam, eine Wohnung in der Schwindgasse neben dem Polnischen Leseraum. Eric war groß und sportlich und hatte honigfarbenes, gewelltes Haar; zumal auf Skiern war er ein Arier, wie er im Buche stand, obwohl er natürlich Jude war – und äußerst hellhörig für die unzähligen, heimtückischen Erscheinungsformen des Antisemitismus in Österreich. Damals wusste ich noch nichts über Antisemiten, aber mit der Zeit lernte ich sie kennen. Ich war klein und dunkelhaarig und hieß mit Nachnamen Irving – ein schottischer Name, zugleich aber ein recht geläufiger jüdischer Vorname, der bei einigen Antisemiten in Wien Verwirrung stiftete (freilich auf einem Intelligenzniveau, das den Schluss erlaubt, John Milton sei

Jude gewesen, nur weil es einen Milton Friedman gibt; aber – dieser kluge Hinweis stammt von Eric Ross – kein Mensch hat je behauptet, dass Antisemiten besonders gescheit seien). Eric und ich machten uns einen Sport daraus, Antisemiten bloßzustellen. Egal ob ich von einem Kellner, einem Geschäftsinhaber oder einem Kommilitonen schlecht behandelt wurde, es genügte schon die leiseste Andeutung einer antisemitischen Verleumdung; mir entging sie nicht selten, da mein Deutsch ziemlich mangelhaft war, aber Eric, der ungleich besser deutsch konnte, machte mich jedes Mal sofort darauf aufmerksam.

»Du wirst schon wieder wie ein Jude behandelt«, sagte er in solchen Fällen.

Worauf ich mit dem Finger auf Eric deutete und dem Betreffenden meinen eingeübten Satz vor den Latz knallte: »*Er* ist der Jude, du Idiot.« Eric musste mir helfen, das richtig auszusprechen, aber normalerweise kam die Botschaft an: Juden zu piesacken war nicht nur abscheulich, sondern die Leute, die das mit Vorliebe taten, waren auch noch so dumm, sich einzubilden, sie könnten erkennen, wer ein Jude war und wer nicht.

Eric und ich fuhren zusammen nach Istanbul

und nach Athen; wir gingen auch oft zusammen zum Skifahren, meist in Kaprun. Zwar genossen wir es, ganz auf uns gestellt in Europa zu sein, doch Wien mochten – und mögen – wir beide nicht. Wien ist eine Kleinstadt, sein berühmt-berüchtigter Antisemitismus nur eine Facette der provinziellen Kleinkariertheit mit ihrer generellen Angst vor Fremden und einem Misstrauen gegenüber allem, was von außen kommt, das irgendwann in Hass umschlägt. »Das geht bei uns nicht«, lautet ein Standardspruch der Österreicher. Und das Wort »Ausländer« hat stets einen negativen Beigeschmack. Die Wiener Gemütlichkeit, eine Touristenattraktion, ist die falsche Liebenswürdigkeit von Menschen, die im Grunde unhöflich sind.

Das letzte Mal in Wien war ich, als *Owen Meany* auf deutsch erschien, und handelte mir Ärger mit den Medien ein, weil ich diese Dinge aussprach. Damals hatte man den Eindruck, dass die Enthüllungen über Kurt Waldheims Rolle im Zweiten Weltkrieg seine Popularität in Wien noch steigerten – und das sagte ich auch. Ich bezweifle, dass ich je wieder nach Wien fahren werde.

Als ich dort studierte, war Freuds ehemalige

Wohnung und Praxis in der Berggasse 19 der Öffentlichkeit nicht zugänglich. Erst die hartnäckigen Bemühungen seiner Tochter zwangen die österreichische Regierung dazu, Freuds bescheidenes Zuhause für sich selbst sprechen zu lassen: ein tiefbewegendes Zeugnis eines Intellektuellenlebens, das vom Naziregime jäh unterbrochen wurde.

In seinen Abhandlungen nahm Freud gelegentlich Bezug auf seinen Wiener Zeitgenossen, den Dichter Arthur Schnitzler. Zweifellos war das der Grund, warum ich Schnitzler so gern mochte. Ähnlich wie Freud beschäftigte er sich immer wieder mit den unterschätzten Kräften der ungezügelten Erotik vor dem Hintergrund der erdrückenden, sich jedoch allmählich wandelnden Gesellschaftsordnung im Wien des Fin de siècle. Sein Roman *Der Weg ins Freie* (1908) war von derselben Atmosphäre unterdrückter Sexualität durchdrungen, die Eric und ich noch über ein halbes Jahrhundert später in Wien erlebten.

Werfen wir mit dem jungen Baron Georg von Wergenthin einen Blick aus dem Fenster: »Drüben der Park war ziemlich leer. Auf einer Bank saß eine alte Frau, die eine altmodische Mantille mit schwarzen Glasperlen umhatte. Ein Kindermädchen spazierte vorbei, einen Knaben an der Hand, ein anderer, ganz kleiner, in Husarenuniform mit angeschnalltem Säbel, eine Pistole im Gürtel, lief voran, blickte stolz um sich und salutierte einem Invaliden, der rauchend des Weges kam. Tiefer im Garten, um den Kiosk, saßen wenige Leute, die Kaffee tranken und Zeitung lasen. Das Laub war noch ziemlich dicht, und der Park sah bedrückt, verstaubt und im ganzen viel sommerlicher aus als sonst in späten Septembertagen.« (Drei Seiten später denkt der junge Georg an »den maskierten Abend bei Ehrenbergs« und erinnert sich an »Sissys raschen Kuss unter den schwarzen Spitzen der Larve«.)

Freilich war der kleine Mann in seiner Husarenuniform mit Säbel und Pistole längst aus dem Stadtpark verschwunden, als Eric und ich nach Wien kamen, aber an der »bedrückenden« Atmosphäre hatte sich kaum etwas geändert. Wir hockten abends regelmäßig über unseren Büchern in einer Bar, in der die Prostituierten im Warmen auf ihre Kunden warteten. Unsere Hauswirtin stellte abends die Heizung ab, und in den Kaffeehäusern, die von den Studenten frequentiert wurden, war es zu laut zum Arbeiten. Außerdem waren die Wiener Studenten zu anständig, um sich in einer Bar sehen zu lassen, in der Prostituierte verkehrten – mit Ausnahme einiger gutsituierter Studiosi, die hier aufkreuzten, um sich ein Mädchen auszusuchen (und denen es jedes Mal peinlich war, von Eric oder mir gesehen zu werden).Die Prostituierten selbst erkannten auf den ersten Blick, dass wir zwei uns ihre intime Gesellschaft nicht leisten konnten. Eine ältere – sie mochte so alt sein wie meine Mutter – half mir gelegentlich, wenn ich Schwierigkeiten mit dem Deutschen hatte.

Mag sein, dass mich an dem Roman *Der Weg ins Freie* zunächst die unablässigen Phantasien des Barons von Wergenthin über Frauen – und seine anhaltend problematischen Beziehungen zu ihnen – interessierten, aber abgesehen davon war der junge Mann auch ein christlicher Adeliger, der zu einer Zeit, in der sich der Antisemitismus im Aufwind befand, vorwiegend mit jüdischen Intellektuellen befreundet war. Als Eric und ich nach Wien kamen, hatte sich der Antisemitismus längst fest etabliert und behauptete sich hartnäckig. Außerdem hatte er weit pöbelhaftere Formen angenommen als die, denen ich bei Schnitzler begegnet war.

Hören wir uns an, wie Baron von Wergenthin Willy Eißler im Stadtpark trifft. Man fühlt sich leicht unbehaglich, wenn man hört, wie Eißler seine jüdische Herkunft verteidigt: »Der Umstand, dass ich mit dem Rittmeister Ladisc einmal eine Differenz gehabt hab', kann mich nicht hindern, in loyaler Weise anzuerkennen, dass er immer ein versoffenes Schwein gewesen ist. Ich hab' nämlich eine unüberwindliche, auch durch Blut nicht abzuwaschende Abneigung gegen die Leute, die sich bei den Juden anfressen und schon auf der Treppe über sie zu schimpfen anfangen. Bis ins Kaffeehaus kann man doch warten.«

Später, beim Abschied im Park, denkt Baron von Wergenthin über Willy Eißler nach: »Er empfand es, wie schon öfters, als beinahe sonderbar, dass Willy Jude war. Schon der alte Eißler, Willys Vater, der anmutige Wiener Walzer und Lieder komponierte, sich kunst- und altertumsverständig mit dem Sammeln, zuweilen auch mit dem Verkauf von Antiquitäten befasste und seinerzeit als der berühmteste Boxer von Wien gegolten hatte, mit seiner Riesengestalt, dem langen, grauen Vollbart und dem Monokel, sah eher einem ungarischen Magnaten ähnlich als einem jüdischen Patriarchen; aus Willy aber hatten Anlage, Liebhaberei und eiserner Wille das täuschende Ebenbild eines geborenen Kavaliers gebildet. Was ihn jedoch vor andern jungen Leuten seines Stammes und seines Strebens auszeichnete, war der Umstand, dass er gewohnt war, seine Abstammung nie zu verleugnen, für jedes zweideutige Lächeln Aufklärung oder Rechenschaft zu fordern und sich gelegentlich über alle Vorurteile und Eitelkeiten, in denen er oft befangen schien, selber lustig zu machen.«

Als Eric und ich nach Wien kamen, hatte der Antisemitismus längst gravierendere Formen angenommen als das »zweideutige Lächeln«. Er hatte primitive und brutale Züge bekommen, so dass man ihn keinesfalls mehr »auf die leichte Schulter nehmen« konnte. Skinheads mit Hakenkreuzohrringen waren zwar nichts Ungewöhnliches, aber auch kein alltäglicher Anblick; alltäglich jedoch waren die zaghaften Bürger, die wegschauten und so taten, als sähen sie die Skinheads nicht. Als junge, idealistische Amerikaner konnten Eric und ich nicht anders, als dieser unbegreiflichen Toleranz gegenüber Intoleranz einen Spiegel vorzuhalten. Noch heute, über dreißig Jahre später, sprechen Eric und ich häufig über dieses Thema: nicht einfach nur Intoleranz, sondern die Toleranz gegenüber Intoleranz, die es dieser ermöglicht weiterzubestehen.

Eric kehrte nach Chicago zurück und ging in die Werbebranche; später zog er nach Crested Butte, Colorado, wo er viele Jahre als Mitarbeiter der Pistenwacht und Volkssänger verbrachte. Er lebt nach wie vor dort und wirkt unermüdlich (als Schauspieler und Regisseur) bei den Aufführungen des dortigen Mountain Theatre mit. Und er macht wieder Werbetexte, wenn er mir nicht gerade Briefe schreibt – er ist ein sehr zuverlässiger Briefpartner. Nach Möglichkeit treffen wir uns einmal im Jahr, und dann ist auch unser beider bester Freund, David Warren, mit dabei. David kommt aus Ithaca, New York, hat fast die ganze Zeit in Wien mit Eric und mir verbracht und war von uns dreien der beste Student.

Eric hatte das beste Motorrad, eine deutsche Horex. Allerdings fehlte ihr der Kippständer, der aus Gründen, die für Eric typisch waren, nie ersetzt wurde, so dass die Horex ständig umfiel. Mein Motorrad war das zweitbeste: eine jugoslawische Jawa – oder war sie tschechisch? Und David fuhr eine schreckliche Triumph, die ständig ihren Geist aufgab, am liebsten auf der Autobahn.

Jedenfalls fing ich ohne triftigen Grund – bis auf den, dass ich es geschafft hatte, von New Hampshire wegzukommen (weit weg) – zu schreiben an. Den Ortswechsel hatte ich Ted Seabrooke und John Yount zu verdanken.

Als ich zu einem späteren Zeitpunkt (im selben Jahr) Heimweh bekam, war es wieder John Yount, der mir zuredete, noch in Europa zu bleiben; ich hatte unter anderem Sehnsucht nach der Matte und nach einer Freundin, die meine erste Frau werden sollte. Ich hatte Shyla Leary im Sommer 1963 unmittelbar vor meiner Abreise nach Wien in Cambridge kennengelernt, wo ich an der Harvard-Universität einen Ferienintensivkurs in Deutsch machte. Auch wenn es idiotisch scheint, halte ich es für etwas ganz Alltägliches, dass man, kurz bevor man einen Ort verlässt, Menschen begegnet, die für einen wichtig sind. Vor Ablauf eines Jahres, im Sommer 1964, heirateten Shyla und ich – in Griechenland.

»Bleib eine Zeitlang in Europa«, schrieb mir John Yount. »Schwermut ist gut für die Seele.«

Bestimmt war das ein guter und richtiger Ratschlag, der über die üblichen, zur Pflicht rufenden Ermahnungen eines Creative-Writing-Dozenten hinausging. Heute ist mir klar, dass John

Yount, wenn auch nicht mein erster Mentor, so doch der erste Schriftsteller war, den ich bewusst als Mentor empfand. Durch ihn änderte sich für mich Grundlegendes, vor allem weil er mir eindringlich klarmachte, dass ich auf die Dauer alles außer Schreiben als unbefriedigend empfinden würde. Trotzdem befolgte ich seinen Rat nicht – ich blieb nicht in Europa.

Ich hatte es mit einer anderen Sprache versucht und fühlte mich darin unwohl. Englisch war meine einzige Sprache, und als Schriftsteller wollte ich auch in und mit dieser Sprache leben. Außerdem war Shyla bei unserer Rückkehr aus Griechenland nach Wien bereits mit Colin schwanger. Ich wollte gern Vater werden, aber nur in meinem eigenen Land.

ohn Irving mit drei Jahren im Juli 1945 in Exeter, New Hampshire.

Die Ringermannschaft der Philipps Exeter Academy, 1961, Kapitän John Irving (vordere Reihe, Mitte). Irvings regelmäßige Trainingspartner waren Mike McClave (vordere Reihe, Zweiter von rechts) und Al Keck (vordere Reihe, Zweiter von links). Larry Palmer, der die berühmte Halbpfundscheibe Toast aß, sitzt rechts neben Irving. Der Mann in Sakko und Krawatte ist Coach Seabrooke.

John Irving (oben) 1961. Trotz zwei Freundschaftskampf-Saisons ohne Niederlage gewann er nie einen New-England-Titel

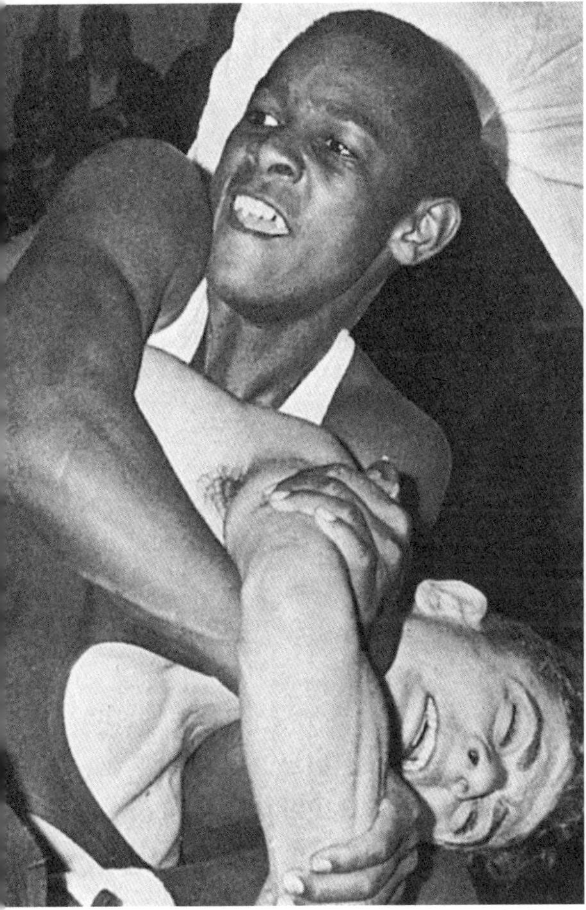

Larry Palmer (oben) in der 54,4-Kilo-Klasse 1961. Beim New England Interscholastic Tournament im selben Jahr konnte er das Gewichtslimit nicht erreichen. Ein Jahr später, fünfzehn Zentimeter größer und zwölf Kilo schwerer, gewann er den New-England-Titel in der A-Liga bei 66,5 Kilo. (Larry Palmer ist heute Juraprofessor an der Cornell Law School.)

Ted Seabrooke als Betreuer von Federgewicht (62 Kilo) Al Keck. Die Fans hängen über das Geländer der Holzbahn, die um den oberen Rand der ›Grube‹ in Exeter herumlief.

Cliff Callagher als Trainer in der Exeter-Ringerhalle im Jahr 1966. Offenbar hat das Training noch nicht begonnen, weil die Tür ein Stück offen steht und so wenige Leute auf der Matte herumrollen; Cliff kam immer sehr früh zum Training. Der Junge, der auf der Matte sitzt, muss ein Anfänger sein, weil er keine Ringerschuhe trägt.

n der Ringerhalle der Universität Iowa, 1973: Dan Gable bringt John
rving mit einem Fußfeger auf die Matte.

John Irving 1982 in Zürich anlässlich des Erscheinens der deutschen Ausgabe seines Romans *Das Hotel New Hampshire*.

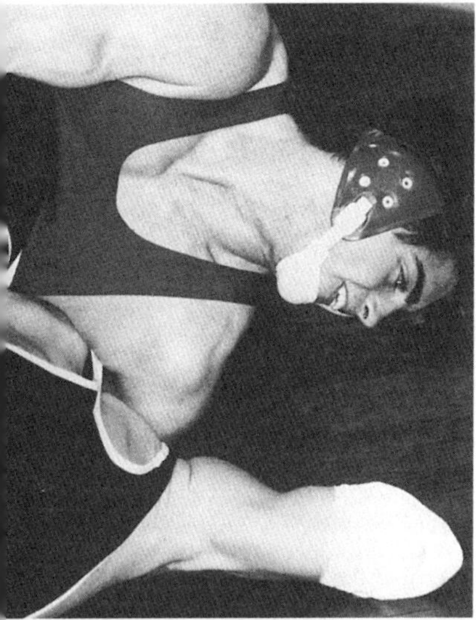

Irvings Sohn Colin, 1983 Prep-School All American für die Northfield Mount Herman in der Gewichtsklasse bis 68,5 Kilo und im selben Jahr New-England-Champion in der A-Liga bei 72,5 Kilo.

:olin Irving vollendete beim New England A-Liga-Finale einen Hüft-:hwung. Sowohl der Kampfrichter als auch der Mattenrichter (oben nks) sehen den Schultersieg kommen.

Brendan Irving (rechts), ein großer 61-Kilo-Ringer, der zu Verletzungen neigt: Knieoperation 1987; Verletzung desselben Knies erneut 1988; ein Jahr später eine ausgekugelte Schulter, eine gerissene Rotatorensehne, ein ausgeschlagener Schneidezahn, zwei gebrochene Finger (rechte Hand), Pfeiffersches Drüsenfieber und ein Meisterschaftstitel.

Brendan (schwarzer Ohrenschutz) auf dem Weg zum Schultersieg. Zwischen 1984 und 1989 gewann er mehr als neunzig Prozent aller Kämpfe durch Schultersieg. 1989 war Brendan Mannschaftskapitän de Vermont Academy.

oach Irving gibt seiner ’88er Mannschaft von der Vermont Academy tzte Anweisungen vor den Freundschaftskämpfen gegen Exeter und ndover – zehn Jahre nach dem Erscheinen von *Garp und wie er die Velt sah*. Irving begann 1956 mit vierzehn Jahren zu ringen, an seinem tzten Turnier nahm er 1976 mit vierunddreißig teil; seine Kampfrich- rlizenz erwarb er 1965 mit dreiundzwanzig, und als Trainer zog er sich 89 mit siebenundvierzig Jahren zurück.

Vor dem A-Liga-Finale: Brendan packt seine gebrochenen Finger, die e
sich im Halbfinale erneut gebrochen hat, in Eis.

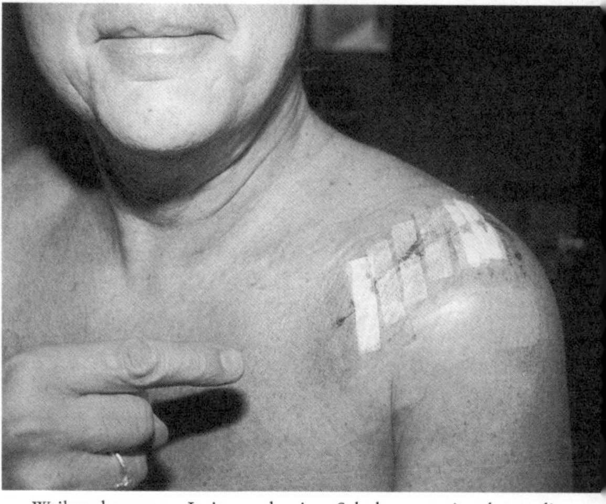

Weihnachten 1994: Irving nach seiner Schulteroperation, bevor die Fäden entfernt wurden.

oach Irving umarmt seinen Sohn Brendan, Sekunden nachdem dieser
'89 den New-England-Titel der A-Liga bei 61 Kilo gewonnen hat –
ırch Schultersieg nach 4:52 in der dritten Runde.

Sommer 1983
Vater und
Sohn Colin
in Water Mil
New York.

Sommer 1985: Vater und Sohn Brendan, in Sagaponack, New York. Im Jahr darauf rang Brendan in der 56,5-Kilo-Klasse; bis zum Jahr '87, als e in der A-Liga von New England zu ringen begann, hatte er bereits sec Junior-School-Tuniere von New England gewonnen.

ommer 1990: Irving mit seiner Frau Janet, die auch seine Literatur-
gentin ist, in Sagaponack, New York.

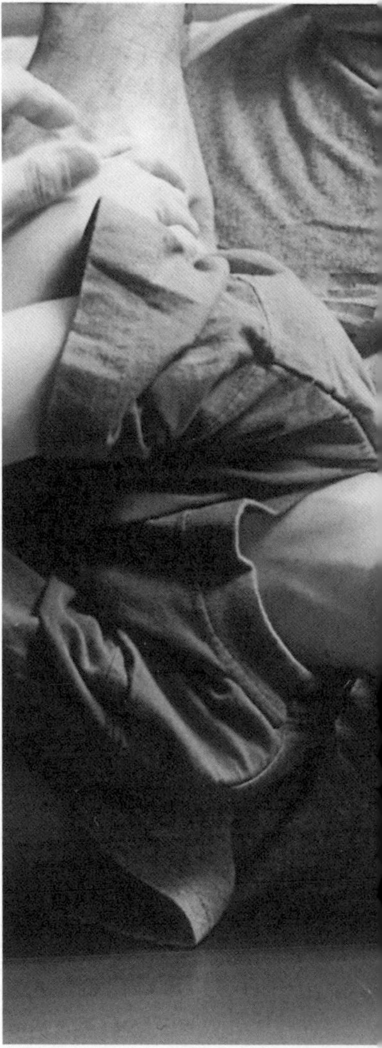

Frühjahr 1995: Nachdem Irvings Schulter geheilt ist, ringt er mit seinem Sohn Everett, dreieinhalb Jahre alt. Mit seinen vierzehn Kilo sieht Everett nach einem zukünftigen Mittelgewicht aus.

Mit Kurt Vonnegut im Februar 1982 in New York.

Iit Stephen King im März 1987 in Boston.

Oktober 1995: Auf Lesereise durch Deutschland. John Irving liest im Deutschen Theater Berlin aus *Zirkuskind* (mit Schauspieler Achim Schülke).

Mit Günter Grass im Dezember 1992 auf der Bühne im Poetry Center des 92nd Street Y in New York.

Kein Vietnam und keine Motorräder mehr

Als ich in die Staaten und an die Universität New Hampshire zurückkehrte, nahm mich ein anderer Schriftsteller unter seine Fittiche: Thomas Williams war für mich sehr viel mehr als ein Lehrer; seine Frau Liz wurde später die Patin unseres ersten Kindes, und Tom blieb bis zu seinem Tod mein strengster und heftigster Kritiker. Es störte ihn zeit seines Lebens, dass ich so gern nachahmte – vor allem den Erzählstil von Romanschriftstellern des 19. Jahrhunderts. »Wen ahmst du jetzt wieder nach?«, schrieb er häufig an den Rand meiner Manuskripte. Aber seine Zuneigung war echt, und meine umgekehrt genauso; und wenn mich andere Kritiker angriffen, hielt er unerschütterlich zu mir. Tom Williams war ein guter Freund, und seinem einflussreichen Namen und seiner Empfehlung hatte ich es zu verdanken, dass ich ein kombiniertes Stipendium als

Dozent und Autor für den Schriftsteller-Workshop an der Universität Iowa bekam. (Ohne dieses Doppelstipendium hätte ich mir als verheirateter Student mit einem Kind den Workshop in Iowa nicht leisten können.) Und wenig später war es auch Toms Agent, der meine erste Short Story für die damals gigantische Summe von 1000 Dollar an Redbook verkaufte. Das war noch vor meinem Abschluss an der Universität New Hampshire, was dazu führte, dass mich meine Kommilitonen aus tiefster Seele hassten. Mir konnte das egal sein, denn ich war auf dem Sprung nach Iowa.

Dieses Jahr in New Hampshire (mein letztes) markierte für mich einen Wendepunkt – nicht nur, weil zum ersten Mal etwas von mir veröffentlicht wurde und weil ich Vater wurde, sondern auch, weil die Geburt meines Sohnes Colin zur Folge hatte, dass ich in die Einberufungskategorie 3A – »verheiratet mit Kind« – rutschte, die mir ein für alle Mal das Dilemma ersparte, vor dem die amerikanischen Männer meiner Generation standen: Ich musste in Bezug auf Vietnam keine Entscheidung treffen, weil ich nicht mehr eingezogen werden konnte. Hatte mich Colin davor bewahrt, nach Vietnam zu müssen, bewahrten mich drei andere Faktoren – dass ich verheiratet und Vater war und in die Welt der Ringerhallen zurückkehrte – davor, mit den größten Versuchungen meiner Generation, sprich der sechziger Jahre, zu experimentieren: Sex und Drogen. Ich war Ehemann, Vater und ein Sportler – und, seit kurzem, Schriftsteller.

Ich war gerade dreiundzwanzig geworden, als Colin auf die Welt kam. Das war Ende März, und in New Hampshire bedeutet das nicht etwa Frühling. Ich weiß noch, dass ich mit dem Motorrad aus der Klinik nach Hause fuhr. (Ein Freund hatte Shyla ins Krankenhaus gefahren, weil ich in Tom Williams' Creative-Writing-Kurs saß.) Ich erinnere mich noch, dass ich den eisigen Stellen und den Schneeflecken auf der Straße auszuweichen versuchte. Ich fuhr sehr langsam nach Hause, stellte das Motorrad in die Garage und fuhr nie wieder damit. Noch im selben Sommer verkaufte ich es. Es war eine 750er Royal Enfield, schwarz mit Chrom, deren tomatenrot gespritzter Tank die Form einer Träne hatte; ich habe sie nie vermisst. Ich war Vater. Väter fuhren nicht Motorrad.

In der Nacht, in der Colin geboren wurde, starb George Bennett im selben Krankenhaus.

George war nicht nur mein erster Kritiker und der erste, der mir Mut gemacht hatte, er war auch mein erster Leser. Ich erinnere mich noch, dass ich im Krankenhaus zwischen Shyla und Colin und George hin und her pendelte. In den Jahren, die ich in Exeter verlebte, bevor ich dort Schüler wurde, war Georges Sohn mein bester Freund gewesen. (Später habe ich meinen ersten Roman dem Andenken an George und seiner Witwe und seinem Sohn gewidmet.)

George Bennett nahm mich in meinen ersten Ingmar-Bergman-Film mit, *Das siebente Siegel*. Das dürfte 1958 oder 1959 gewesen sein, denn der Film war noch ziemlich neu (in den Staaten lief er 1957 an). Es bedarf keiner komplizierten psychologischen Erklärungen, warum ich mir, als es mit George zu Ende ging, den Tod als jenen unbarmherzigen Schachspieler im schwarzen Gewand (Bengt Ekerot) vorstellte, der den Ritter (Max von Sydow) besiegt und außer seinem Leben auch noch das seiner Frau und seines Schildknappen fordert.

Inzwischen habe ich gelesen, *Das siebente Siegel* sei ein »mittelalterliches Phantasiegebilde«, was ich absolut nicht nachvollziehen kann. Meinetwegen »mittelalterlich«, mag sein, obwohl ich fast alle Bergman-Filme als zeitlos empfinde. Aber ein »Phantasiegebilde« ist *Das siebente Siegel* gewiss nicht. Dass der Tod den Ritter mitnimmt und die junge Familie am Leben lässt … genau das habe ich auch erlebt. In dem Augenblick, in dem mein Sohn Colin zur Welt kam, trat George ab.

Als sich Ingmar Bergman 1982 mit *Fanny und Alexander,* den überwältigenden Erinnerungen an seine Kindheit, vom Filmemachen verabschiedete, empfand ich das ebenfalls als Verlust. Bergman war der einzige große Romancier, der Filme machte. Mein Interesse am Film, das nie sonderlich groß war, hat sich seitdem noch verringert. Ich hoffe, dass sich Bergman am Theater (wo er weiterhin Regie führt) wohlfühlt, obwohl es mir schwerfällt, ihn mir dort vorzustellen – mein Interesse für das Theater war auch nie sonderlich groß.

Nicht mal ein Zebra

Bei meiner Rückkehr aus Europa hieß mich Ted Seabrooke in der Ringerhalle der Exeter Academy willkommen, doch für mich hatte sich einiges verändert. Ich war so glücklich, wieder ringen zu können, dass es mir egal war, wie ich im Vergleich zur Konkurrenz abschnitt. Obwohl ich an keinem einzigen Turnier teilnahm, trainierte ich hart, jeden Tag. Ich betreute und trainierte die Schüler, dachte dabei mehr an ihre ringerischen Fähigkeiten als an meine eigenen und erwarb die Kampfrichterlizenz. (Ich habe Kampfrichter nie gemocht, bis ich selbst einer wurde.)

In jenem Winter 1965 gab es noch einen zweiten Ringertrainer in Exeter – Cliff Gallagher, einen pensionierten Oberstleutnant der Air Force. Cliff war der Bruder des berühmten Ed Gallagher. (Zwischen 1928 und 1940 wurde das Oklahoma State College unter seinem Trainer E.C. Gallagher elfmal amerikanischer Mannschaftsmeister.) Cliff, in Kansas geboren, hatte am Oklahoma A & M College gerungen (wo er keinen einzigen Ringkampf verlor) und am Kansas State College Football gespielt (er war Läufer der Football-Nationalmannschaft). Irgendwann hielt Cliff auch einmal den Weltrekord über fünfzig Meter Hürden, und 1921 promovierte er am Kansas State – in Tiermedizin, auch wenn er nie als Tierarzt praktizierte. Außerdem war Cliff Gallagher als Kampfrichter zugelassen. Häufig fungierten wir bei Turnieren gemeinsam als Kampfrichter.

Als Ringertrainer war Cliff nicht ganz ungefährlich, weil er den Jungen in Exeter jede Menge Griffe zeigte, die schon seit Jahren verboten waren – die sogenannte Krawatte, die Japanische Handklammer, diverse Würgegriffe und andere Griffe, die aus einer Zeit stammten, in der es noch nicht gegen die Regeln verstieß, seinen Gegner behutsam auf den Rücken zu zwingen, indem man ihm Schmerz zufügte oder ihn zu erwürgen drohte, statt erlaubte Hebel anzusetzen. Ted erklärte mir, dass er Cliff grundsätzlich gestattete, den Jungen diese Griffe zu zeigen; im Anschluss an Cliffs Demonstration nahm Ted dann irgendwann die Schüler beiseite und erklärte ihnen ruhig, aber bestimmt: »Den da macht ihr nicht.« Die Jungen waren natürlich ganz versessen auf alles Neue, und Cliff konnte einem vieles beibringen, was ich noch nie gesehen hatte; einige seiner Griffe waren sogar für Ted neu.

Wir mussten in diesem Jahr in der Ringerhalle ganz schön auf Zack sein, weil immer wieder ein Junge einem anderen den Kopf abzudrehen drohte und Ted oder ich dann blitzschnell eingreifen mussten. »Hat Cliff dir das gezeigt?«, fragten wir jedes Mal.

»Ja, Sir«, hieß es dann. »Ich glaube, das nennt man einen Bulgarischen Gelenkhebel.« Wie immer der Griff heißen mochte, Ted oder ich verboten ihn ausdrücklich, aber nie hätten wir Cliff und seine Bemühungen kritisiert – Cliff hatte einen Mordsspaß dabei, und wir liebten ihn heiß und innig. Die Jungen ebenfalls, und ich bin überzeugt, dass sie für den Bulgarischen Gelenkhebel gute Verwendung hatten, wahrscheinlich in den Schlafsälen.

Als Kampfrichter war Cliff absolut zuverlässig. Er hatte es instinktiv im Gefühl, wann er einer potentiell gefährlichen Situation Einhalt gebieten musste, und sah Verletzungen früh genug voraus, um sie zu verhindern; er wusste immer genau, wo der Mattenrand war – und welcher Ringer ihn für seine Zwecke zu nutzen wusste –, und er verwarnte nie den falschen Ringer wegen Passivität. Es war mir ein Rätsel, wie Cliff die Wettkampfregeln im Kopf behalten konnte, denn als Kampfrichter ließ er keinen einzigen verbotenen Griff durchgehen. (Als Trainer hingegen gab er alle Aktionen und Griffe weiter, die er kannte – ob regelgerecht oder nicht.) Cliff machte aus mir einen recht ordentlichen Kampfrichter; als Ringer war ich nie so gut. Kampfrichter sein erfordert ausschließlich technisches Wissen; im Gegensatz zum aktiven Ringen braucht man dazu weder überragende körperliche Fähigkeiten, noch fällt es auf, wenn sie einem fehlen.

Nie werde ich ein besonders wüstes und desorganisiertes Highschool-Turnier in Maine vergessen, bei dem Cliff und ich die einzigen aktiven Ringer unter den Kampfrichtern waren. In den Vorrunden waren wir auch die einzigen Kampfrichter, die für eine Kopfklammer ohne Einschließen des Armes Strafpunkte vergaben. Wenn man den Kopf des Gegners umklammert, muss man immer einen seiner Arme in die Klammer mit einschließen; nur den Kopf zu umfassen – den

Kopf ganz allein – ist verboten. Im Interesse der versammelten Trainer sowie unserer Kampfrichterkollegen erteilte Cliff zwischen den Wettkampfrunden ein paar Minuten theoretischen Unterricht. Den anderen Kampfrichtern und den meisten Trainern gefiel das gar nicht. Einer von ihnen meinte: »Die Saison ist schon zu weit fortgeschritten, um denen noch etwas Neues beizubringen.«

»Das ist nicht neu, es entspricht lediglich den Regeln«, entgegnete Cliff.

»Das ist auch neu«, sagte der Typ – ob er Trainer war oder Kampfrichter, weiß ich nicht mehr. Jedenfalls sprach er aus, was die Mehrheit dachte: Sie hatten die ganze Saison – wahrscheinlich schon seit Jahren – eine verbotene Kopfklammer angewandt und gelten lassen, so dass es ihnen schlicht und einfach lästig war, die neue Regel jetzt durchzusetzen.

»Johnny und ich zeigen die verbotene Kopfklammer an – ist das klipp und klar?«, warnte sie Cliff. Und das taten wir dann auch.

Die Strafpunkte, die für einen wiederholten verbotenen Griff vergeben werden, können sich rasch ansammeln. Bei wiederholtem Verstoß gegen die Regeln wird der betreffende Ringer disqualifiziert. In Windeseile bekam der halbe Staat Maine von Cliff und mir Strafpunkte und wurde disqualifiziert. (Wir »disqualifizierten« auch ein paar Trainer, die lauthals protestierten.) Im Halbfinale musste ich außerdem einen Schwergewichtler disqualifizieren, weil er seinen Gegner absichtlich auf den Kampfrichtertisch geknallt hatte; ich hatte den Burschen schon zweimal verwarnt und mit Strafpunkten belegt, weil er außerhalb der Matte weiterkämpfte – nachdem ich gepfiffen hatte. Ich hatte so-gar seinen Trainer gefragt, ob der junge Schwergewichtler taub sei.

»Nein, nur ein bisschen dumm«, lautete die Antwort.

Nachdem ich den Schwergewichtler disqualifiziert hatte, kamen seine Eltern von der Zuschauertribüne herunter und pflanzten sich mitten auf der Matte vor mir auf. Eine Vorstellung erübrigte sich, da man auf den ersten Blick sah, dass sie aus demselben schwergewichtträchtigen Gentopf stammten wie ihr Sohn. Cliff rettete mich.

»Wenn Sie auch sonst nichts vom Ringen verstehen, eine Regel können Sie bestimmt verstehen«, erklärte Cliff den Eltern des Schwergewichtlers. »Es ist nur eine einzige Regel, und ich werde sie Ihnen nur einmal sagen.« (Man merkte, dass sie ihm aufmerksam zuhörten.) »Das da ist eine Matte«, sagte Cliff und zeigte auf das Ding, auf dem sie standen. »Und das da«, fuhr Cliff fort und deutete auf den Kampfrichtertisch, auf den der Schwergewichtler seinen Gegner geworfen hatte, »ist ein verdammter Tisch. Beim Ringen bleiben wir auf der Matte. So lautet die Regel.« Wortlos schlurften die Eltern des Schwergewichtlers davon. Cliff und ich blieben bis zum Finale am Leben.

Die Finalkämpfe fanden am Abend statt. Schaurige Gestalten aus dem tiefsten Maine tauchten aus der Dunkelheit auf. (Mein guter Freund Stephen King erfindet beileibe nicht alles; er kennt die Leute, die ich meine.) Verglichen mit den Fans beim Finale an jenem Abend wirkten die Eltern des disqualifizierten Schwergewichtlers geradezu zivilisiert. Aus Protest gegen die verbotene Kopfklammer waren die anderen Kampfrichter nach Hause gegangen, so dass Cliff und ich bei den verschiedenen Gewichtsklassen abwechselnd den Kampfrichter machten. War er Kampfrichter, machte ich den Mattenleiter und umgekehrt. Ein Mattenleiter kann (auch wenn das normalerweise nicht vorkommt) die Entscheidung eines Kampfrichters aufheben, da er in dem Wirbel von Bewegungen manchmal etwas sieht, was dem Kampfrichter entgeht – zum Beispiel unerlaubt verschränkte Finger; und wenn es darum geht zu entscheiden, ob am Mattenrand, bevor die Ringer über die Wettkampffläche hinausgeraten, Punkte vergeben werden oder nicht, kann der Mattenleiter besonders wichtig sein.

Bei Highschool-Turnieren gibt es manchmal elf, zwölf oder dreizehn Gewichtsklassen. Derzeit liegt die niedrigste von insgesamt dreizehn Gewichtsklassen beim New-England-Turnier in der A-Liga bei 46,5 Kilo, und von da geht es hinauf bis zu 85,5 Kilo und zum Schwergewicht (unter 124,5 Kilo). Auf Highschool-Ebene gibt es gelegentlich auch eine 45-Kilo-Klasse, und manche Staaten haben außer den Gewichtsklassen bis 85,5 und 124,5 Kilo auch noch eine bis 97,5 oder 99,5 Kilo – in Maine war 1965 für das Schwergewicht kein Gewichtslimit festgesetzt. (Daher wurde diese Gewichtsklasse auch »Unlimited« genannt.)

In den ersten drei Gewichtsklassen vergaben Cliff und ich ein halbes Dutzend Strafpunkte für verbotene Kopfklammern – anscheinend eine Spezialität von Maine –, und einen Ringer musste

Cliff disqualifizieren: wegen Beißen. Ein Ringer, der mit einer Krawatte geschultert zu werden drohte, biss seinen Gegner so fest in den Oberarm, dass dieser blutete. Die Fans führten sich auf wie die Verrückten. Dass Beißen verboten war, brachte sie offenbar mehr in Rage als alles andere. (Auf der Zuschauertribüne waren Leute, denen man glatt zugetraut hätte, dass sie jeden Tag andere Leute beißen.)

Damals in Maine war Cliff Gallagher achtundsechzig Jahre alt. Der ehemalige 65,5-Kilo-Mann lag nicht mehr als fünf Kilo über seiner früheren Gewichtsklasse. Er war Kilo für Kilo so kräftig wie der gute alte Caswell aus Pittsburgh. Cliff war nahezu kahlköpfig; er hatte ein längliches, wettergegerbtes Gesicht mit bemerkenswerten Ohren, einen massigen Hals und riesige Hände. Und es gefiel ihm nicht, wie die Menge auf seine Entscheidung reagierte. Er ging zum Kampfrichtertisch hinüber und nahm dem Ansager das Mikrofon aus der Hand.

»Es wird nicht gebissen – ist das klipp und klar?«, sagte Cliff ins Mikrofon. Den Fans passte das gar nicht, aber sie beruhigten sich.

Nun brauchten wir nur noch ein paar Gewichtsklassen (und jede Menge verbotener Kopfklammern) zu überstehen; wir wechselten uns bei den einzelnen Kämpfen als Kampfrichter und Mattenleiter ab, und unsere Pfeifen waren ständig im Einsatz – außer Kopfklammern ohne Einschließen eines Armes gab es Halskrausen und Doppelnelsons, Beinscheren um die Hüfte, Kniehebel und Kopfstöße, aber gebissen wurde nicht mehr. Im Mittelgewicht (80 Kilo) vergab ich die Strafpunkte, die den Ausgang des Kampfes entschieden; ich dachte, die Fans würden sich auf mich stürzen, und der Trainer des bestraften Ringers nannte mich deutlich hörbar einen »Wichser« – wofür es normalerweise weitere Strafpunkte gegeben hätte; aber ich hielt es für klüger, es zu überhören.

Cliff beriet sich mit mir, während die Menge tobte. Dann ging er wieder ans Mikrofon. »Dem Gegner wiederholt die Finger in die Augen bohren ist verboten – ist das klipp und klar?«, sagte Cliff.

Bei den Schwergewichtlern schließlich machte Cliff den Kampfrichter, wofür ich ihm ewig dankbar sein werde. Der Junge, der auf dem Kampfrichtertisch gelandet war und folglich im Halbfinale gewonnen hatte, war ein bisschen angeschlagen; sein Gegner war ein Fingerverbieger, den Cliff in der ersten Runde zweimal bestraft hatte – nicht ohne beide Male geduldig die entsprechende Regel zu erklären. (Wenn man die Finger des Gegners umklammert, muss man alle vier umklammern – nicht nur zwei oder gar einen, und auch nicht nur den Daumen.) Aber der Fingerverbieger blieb hartnäckig bei seiner Methode, und sein Gegner war nach der Landung auf dem Kampfrichtertisch – durchaus verständlich – etwas empfindlich. Als ihm der andere verbotenerweise die Finger verbog, reagierte er mit einem Kopfstoß; Cliff bestrafte auch ihn, wie es sich gehörte. Folglich hatten zu Beginn der zweiten Runde beide dieselbe Anzahl Strafpunkte. Bisher hatte noch keiner der beiden Ringer eine regelgerechte Aktion eingeleitet oder einen erlaubten Griff angewandt, so dass Cliff alle Hände voll zu tun hatte.

Als sich der Fingerverbieger in der Bodenlage befand, klemmte ihn sein Gegner mit einer Kopfschere und einem Doppelnelson ein und erntete dafür weitere Strafpunkte; daraufhin verdrehte ihm der Fingerverbieger den Arm, was auch ihm erneut Strafpunkte eintrug. Schließlich versetzte der Obermann dem Fingerverbieger aus einem unerfindlichen Grund einen kurzen Genickschlag, und das war's dann – Cliff disqualifizierte ihn wegen Unsportlichkeit. (Vielleicht hätte ich doch zulassen sollen, dass ihn der andere ungestraft auf den Kampfrichtertisch wirft, dachte ich.) Cliff hob den Arm des Fingerverbiegers zur Siegerpose, als ich auf einmal die Mutter des unterlegenen Schwergewichtlers entdeckte: Wieder war die Identifikation aufgrund der Gene problemlos – diese Frau war ohne Zweifel die Mutter eines Schwergewichts.

In Maine – und nur in Maine – hatte ich in diesem Jahr mitbekommen, dass man uns Kampfrichter gelegentlich auch »Zebras« nannte. Vermutlich bezog sich das auf unsere schwarzweiß gestreiften Hemden, und vermutlich war Cliff auch schon früher als »Zebra« bezeichnet worden. Obwohl wir diesen Spitznamen kannten, waren weder Cliff noch ich auf die massive Beleidigung gefasst, die die Mutter des Schwergewichts losließ. Sie trottete mannhaft zum Kampfrichtertisch und riss dem Ansager das Mikrofon aus der Hand. Dann deutete sie auf Cliff, der etwas unsicher mitten auf der Matte stand, und sagte: »Dich würde nicht mal ein Zebra ficken.«

Trotz der allgemeinen Aufsässigkeit waren die Zuschauer ebenso unsicher wie Cliff Gallagher, wie sie auf die Anschuldigung der Schwergewichtler-Mutter reagieren sollten; verblüfftes Schweigen trat ein. Langsam näherte sich Cliff dem Mikrofon. Er war zwar in Kansas geboren, aber aufgewachsen war er eindeutig in Oklahoma – er ging noch immer wie ein Cowboy, sogar in Maine.

»Ist das klipp und klar?«, fragte Cliff die Menge.

Vom tiefsten Maine bis nach Hause war es ein langer Weg, und auf der ganzen Fahrt wiederholte Cliff immer wieder. »Nicht mal ein Zebra, Johnny.« Das wurde denn auch sein Gruß am Telefon, wann immer er mich anrief.

Im selben Winter nahm ich einen Job als Kampfrichter an, den man mir angeboten hatte. Ich verdiente nicht viel und erlebte auch nie mehr ein Turnier wie das in Maine. Aber der Grund, warum ich überhaupt Kampfrichter wurde – von dem Spaß, den es mir machte, einmal abgesehen –, war Cliff Gallagher. Es war eine großartige Möglichkeit, zum Ringsport zurückzukehren.

»Ich hab's dir doch gesagt, du wirst das Ringen immer lieben«, meinte Ted Seabrooke.

Der Gewinner der Goldmedaille

In Iowa, wo ich von 1965 bis 1967 Student am Schriftsteller-Workshop war, nahm sich Vance Bourjaily meiner an; allerdings war er nicht der Dozent, der mich hauptsächlich betreute. Kurze Zeit versuchte ich mit Nelson Algren zu arbeiten, dessen destruktive Kritik mich stark an den namenlosen Professor C- aus meiner erfolglosen Zeit in Pittsburgh erinnerte. Mir gefiel Mr. Algrens rauer Charme, aber er hatte weder für mich noch für meine Art zu schreiben viel übrig. Für seinen Geschmack schrieb ich »zu phantasievoll«, erklärte er mir; schwerer wog für ihn (vermutlich), dass ich kein Stadtkind war, das in einem ärmlichen Viertel aufgewachsen war. Ich kam aus einer Kleinstadt und von einer Privatschule; tatsächlich hatte ich – als »Lehrerspross« – noch mehr Privilegien genossen, als Algren ahnte. Der beste Lehrmeister für einen jungen Autor war nach Mr. Algrens Überzeugung, aus der er keinen

Hehl machte, das wirkliche Leben, womit er das Leben in der Großstadt meinte. Jedenfalls war mein Leben nicht »wirklich« genug gewesen, um ihm zuzusagen; und es störte ihn, dass ich Ringer war und kein Boxer – seiner Meinung nach waren Boxer Ringern überlegen. Wenn er mich auf den Arm nahm, geschah das auf eine gutmütige Art, hinter der jedoch immer eine gewisse Geringschätzung zu spüren war. Und außerdem war ich kein Pokerspieler, für Algren ein weiteres Indiz dafür, dass es mit meinem Mut nicht weit her sein konnte.

Mein Freund, der Dichter Donald Justice (angeblich ein ausgesprochen guter Pokerspieler), vertraute mir einmal an, dass Mr. Algren in Iowa City eine Menge Geld verloren hatte; da er aus Chicago kam, hatte er damit gerechnet, es hier mit lauter Bauerntrotteln zu tun zu haben. Auch mich hielt er für einen Trottel – bestimmt war ich auch einer –, aber er brachte mir keine bleibenden Wunden bei. Creative Writing hat, wenn man halbwegs ehrlich miteinander umgeht, notgedrungen auch unangenehme Seiten. Und ich wusste Mr. Algrens Ehrlichkeit zu schätzen; seine abweisende Art konnte mich nicht davon abbringen, ihn zu mögen.

Ich sollte Nelson Algren erst kurz vor seinem Tod wiedersehen, als er nach Sag Harbor zog und Kurt Vonnegut ihn einmal zum Abendessen in unser Haus in Sagaponack mitbrachte. Wieder fand ich ihn sympathisch, und wieder nahm er mich auf den Arm; das konnte er gut. Diesmal behauptete er, sich nicht mehr an mich und unsere gemeinsame Zeit in Iowa zu erinnern, obwohl ich alles daransetzte, seinem Gedächtnis auf die Sprünge zu helfen. Zugegeben, es ist denkbar, dass Algren sich wirklich nicht an mich erinnerte, da unsere Gespräche damals kurz und nicht sehr zahlreich waren. Aber als er sich verabschiedete, tat er, als verwechselte er mich mit Clifford Irving, der diesen berüchtigten Howard-Hughes-Schwindel inszeniert hatte, und meinte, einen guten Bluff wisse er allemal zu schätzen. Als Vonnegut ihm erklärte, dass ich nicht dieser Irving sei, zwinkerte mir Algren zu – er verulkte mich noch immer. (Man sollte keinen Kurs in Creative Writing machen und sich erst recht nicht mit dem Gedanken tragen, Schriftsteller zu werden, wenn man es nicht verkraften kann, ein bisschen – oder auch kräftig – veräppelt zu werden.)

Zum Glück gab es noch andere Dozenten in

Iowa. Ich war versucht, bei José Donoso zu studieren, weil ich seinen Schreibstil bewunderte und ihn im Gegensatz zu Nelson Algren als wohlwollend empfand. Doch dann verknallte ich mich wie ein Pennäler auf den ersten Blick in Mr. Donosos Frau; von da an konnte ich ihm nicht mehr in die Augen sehen, keine gute Voraussetzung für eine fruchtbare Schüler-Lehrer-Beziehung. Und so wurde Kurt Vonnegut für mich der wichtigste Lehrer und Mentor am Schriftsteller-Workshop in Iowa. (Einmal hatte ich eine Schlägerei in einem Billardsalon, bei der ich überzeugend demonstrierte – wenn auch nicht in Nelson Algrens Anwesenheit –, dass Ringer Boxern überlegen sind. Ein anderer Student, ein Boxer, hatte Vonnegut als »Science-Fiction-Lohnschreiber« bezeichnet; ein unberechtigter Vorwurf, den er noch dazu erhob, ohne auch nur eines von Vonneguts Büchern gelesen zu haben – »nur die Klappentexte«.)

Hat mir Kurt Vonnegut ›beigebracht‹, wie man schreibt? Natürlich nicht, aber er hat mir Zeit erspart und mich ermutigt. Er hat mich auf einige schlechte Angewohnheiten bei meinen frühen Arbeiten (dem ersten im Entstehen begriffenen Roman) hingewiesen und auch auf die Seiten des

Erzählens und der Personenbeschreibung, die sich ganz gut machten. Zweifellos hätte ich das irgendwann selbst entdeckt, aber erst später, vielleicht sehr viel später. Und Zeit ist, für junge und ältere Schriftsteller gleichermaßen, etwas Wertvolles.

Später als Dozent – von 1972 bis 1975 unterrichtete ich in Iowa am Workshop – hatte ich viele zukünftige Schriftsteller unter meinen Studenten. Freilich habe ich weder Ron Hansen und Stephen Wright noch T. Coraghessan Boyle und Susan Taylor Chehak, weder Allan Gurganus noch Gail Harper, Kent Haruf, Robert Chibka oder Douglas Unger ›beigebracht‹, wie man schreibt, hoffe aber, ihnen vielleicht Mut gemacht und ein bisschen Zeit erspart zu haben. Ich habe nicht mehr für sie getan als Kurt Vonnegut für mich, aber in meinem Fall hat Vonnegut – und wie vor ihm John Yount und Thomas Williams – ziemlich viel getan.

Ich rede über handwerkliche Schnitzer, das Verbreiten schierer Langeweile, Probleme der Erzählperspektive, die unterschiedlichen Eigenschaften des Erzählens in Ich- und Er-Form, die tödliche Wirkung von Erklärungen im Dialog, die lähmenden Einschränkungen des Präsens, die durch kindisches und sinnloses Experimentieren verursachten Unterbrechungen des Erzählflusses – und so weiter und so fort. Aufgabe eines Dozenten ist es, einfach zu sagen: »Das kannst du gut.« Und: »Darin bist du nicht so gut.« Dabei handelt es sich meist um so grundlegende Einwände und Fehler, dass die meisten begabten jungen Schriftsteller irgendwann selbst dahinterkommen, vielleicht aber erst zu einem Zeitpunkt, zu dem man das Manuskript vollständig umarbeiten müsste – oder schlimmer, nachdem das Buch bereits erschienen ist.

Tom Williams wies mich einmal auf meine Angewohnheit hin, meinen Figuren mythische Dimensionen und einen sagenhaften Status zu verleihen – noch bevor sie irgendetwas getan hatten, um sich solche Attribute zu verdienen. (Dasselbe könnte man von García Márquez behaupten, aber in meinem Fall war die Kritik berechtigt.) Und Kurt Vonnegut fragte mich einmal, ob ich die Verben *»peek«* und *»peer«* an sich schon komisch fände. (Was konnte an einem Verb denn »an sich komisch« sein?, dachte ich. Aber Vonnegut meinte, ich würde diese Verben in einem Maß überstrapazieren, das an Koketterie grenzt; er hatte recht.)

Zu meiner Zeit waren auch Gail Godwin und der zukünftige Gewinner des National Book Award (1989), John Casey, Studenten am Schriftsteller-Workshop in Iowa – Gail und John wurden ebenfalls von Kurt Vonnegut ›unterrichtet‹.

Casey erinnerte mich kürzlich daran, dass Gail Godwin bereits bei ihrer Ankunft in Iowa City eine ernstzunehmende Schriftstellerin war. Er erzählte, wie sie sich auf dem Parkplatz des Englisch- und Philosophiegebäudes gegen die unerwünschten Aufmerksamkeiten eines lüsternen Mitstudenten zur Wehr setzte, dessen Name unerwähnt bleiben soll.

»Bitte, lass mich in Ruhe«, forderte sie den lästigen Kerl auf, »sonst sehe ich mich gezwungen, dich mit einer Waffe zu verletzen, von der verletzt zu werden du dir in einer so kleinen Stadt kaum leisten kannst.«

Die Drohung klang äußerst geheimnisvoll und machte einer Autorin alle Ehre, aber der lüsterne Flegel ließ sich nicht so leicht abwimmeln. »Und was für eine Waffe könnte das wohl sein, kleine Lady?«, soll der Lümmel angeblich gefragt haben.

»Klatsch«, antwortete Gail Godwin.

Unter den Workshop-Teilnehmern waren damals auch Andre Dubus und James Crumley. Ich erinnere mich an ein Picknick auf Vance Bourjailys Farm, dem eine freundschaftliche Tortenschlacht folgte, Dubus' oder Crumleys nackte, halbwegs behaarte Brust wurde von einem Cremetörtchen getroffen. Wer es geworfen hatte und warum, entzieht sich meinem mich ständig im Stich lassenden Gedächtnis – ich war es nicht, Ehrenwort. Als möglicher Täter kommt David Plimpton in Frage. Plimpton und ich haben in Exeter in derselben Mannschaft gerungen – er war ein Jahr vor mir Mannschaftskapitän –, und dass wir dann gleichzeitig in Iowa landeten, empfanden wir beide als witzigen Zufall. (Plimpton hatte zwischendurch in Yale gerungen.)

Das war in der Zeit vor der phantastischen Carver-Hawkeye-Arena, als sich die Ringerhalle noch oben im Dachstuhl des Sportplatzgebäudes befand. Dave McCuskey war der Trainer; er behandelte mich freundlich, meckerte aber andauernd an meiner mangelnden Kondition herum. Ich konnte mit seinen Schützlingen zwar hart ringen, aber nur drei oder vier Minuten lang; dann musste ich mich mit dem Rücken zur Wand auf die Matte setzen und mich ausruhen. McCuskey runzelte jedes Mal die Stirn. Wenn ich nicht ıt genug war, um es mit seinen Jungs »volle neun Minuten« aufzunehmen, sollte ich das Ringen ieber bleibenlassen. Ich gab mich damit zufrieden, meine Gegner zu Fall zu bringen, bis ich nüde wurde; dann ruhte ich mich, an die Wand gelehnt, aus – und machte dann wieder ein paar Würfe. Coach McCuskey passte das gar nicht.

David Plimpton, der ebenso wenig in Form war wie ich, trainierte auch gern mit McCuskeys Schützlingen. Plimpton erzählte mir, dass ihn der Coach ähnlich wenig schätzte wie mich. Aus unser beider Sicht leisteten wir zwar einen positiven Beitrag, indem wir McCuskeys Jungen unsere alternden Körper als zusätzliche Trainingspartner zur Verfügung stellten, aber es war Coach McCuskeys Ringerhalle; er hatte hier das Sagen, und ich respektierte ihn. Also kein Ausruhen mehr an der Wand. Die Folge war, dass ich mich (genau wie Plimpton) nur noch sporadisch in der Ringerhalle blicken ließ; ich betrat sie nur noch, wenn ich mich bestrafen wollte.

Theoretisch hätte es für Plimpton und mich eine gute Lösung sein können, miteinander zu ringen, aber Plimpton hatte in Yale in der 86,5-Kilo-Klasse gerungen (ich in Pittsburgh hingegen bei 59 Kilo); seitdem hatten wir beide etliche

Kilo zugelegt, aber ringen konnten wir nicht miteinander – der Unterschied betrug nach wie vor rund 27 Kilo.

Als ich sieben Jahre später nach Iowa zurückkehrte, um am Schriftsteller-Workshop zu unterrichten, befand sich die Ringerhalle noch immer im Dachgestühl des alten Sportplatzgebäudes, aber die Atmosphäre hatte sich verändert. Gary Kurdelmeier, 1958 amerikanischer Meister, der für Iowa angetreten war, war der Cheftrainer. 1972 kam Kurdelmeiers neuer Assistenztrainer nach Iowa City – Dan Gable, frisch von den Olympischen Spielen in München, wo er sich die Goldmedaille im Leichtgewicht erkämpft hatte. In Kurdelmeiers und Gables Ringerhalle gab es viele ›graduierte Studenten‹ (wie Plimpton und ich das von 1965 bis 1967 gewesen waren) und Ringer, die das College abgeschlossen hatten. In den Jahren, in denen ich Dozent im Workshop war (1972 bis 1975), begann Iowas Überlegenheit in der College-Ringerszene unter Dan Gable. (Mit Gary Kurdelmeier als Cheftrainer wurde Iowa zweimal amerikanischer Mannschaftsmeister – 1975 und 1976 –, aber schon bald übernahm Gable seinen Posten und gewann 1976 seine erste Mannschaftsmeisterschaft. J. Robinson, inzwischen Cheftrainer an der Universität von Minnesota, wurde Gables Assistent.)

Brad Smith, Chuck Yagla, Dan Holm, Chris Campbell – sie alle waren damals in Iowa, und alle wurden später amerikanische Meister. In der Ringerhalle wurde so intensiv trainiert, wie ich das sonst nirgends erlebt habe; trotzdem waren Gable und Kurdelmeier froh, dass ich da war und mitmachte – auch wenn ich nach maximal zwei Minuten schlappmachte und mich an die Wand lehnen und ausruhen musste. In diesem Raum hielt ich nie länger als zwei Minuten durch.

Bei mehreren Freundschaftskämpfen in Iowa saß ich neben dem ehemaligen Iowa-Trainer, Dave McCuskey, der inzwischen im Ruhestand war; als Zuschauer hatten Coach McCuskey und ich keine grundlegenden Meinungsverschiedenheiten. Gable wurde allgemein bewundert: Mit seinen drei nationalen College-Titeln für das Iowa State College (und nur einer einzigen Niederlage in seiner ganzen College-Laufbahn) lockte er eine Menge Leute an – nicht nur zu den Wettkämpfen in Iowa, sondern auch in die Ringerhalle. Jeder wollte mit ihm ringen – und sei es nur zwei Minuten. In diesen Jahren suchte ich mir normalerweise weniger hochkarätige Trainingspartner, aber solche gab es da kaum. Freilich konnte ich dem gelegentlichen Nervenkitzel (und der auf dem Fuß folgenden Erniedrigung), mit Dan Gable zu ringen, genauso wenig widerstehen wie alle anderen. Und natürlich machte ich dabei nie einen Punkt. Doch da befand ich mich in guter Gesellschaft: Bei den Olympischen Spielen 1972 in München, wo Gable die Goldmedaille gewann, konnte auch keiner seiner Gegner einen Punkt machen.

Die Olympischen Spiele im Freistilringen zu gewinnen, ohne einen einzigen Punkt abzugeben, ist vergleichbar mit einem Sieg im Wimbledonfinale in drei glatten Sätzen – 6–0, 6–0, 6–0; oder vielleicht mit einem fulminanten Vier-Spiele-Sieg in der World Series, bei dem die unterlegene Baseball-Mannschaft nicht einen einzigen Punkt macht. Und dass ein herausragender Ringer wie Gable den Übergang vom aktiven Wettkämpfer zum Trainer mit gleichbleibendem Erfolg schafft, kommt praktisch nie vor: 1995 gewann Iowa den vierten NCAA-Titel in fünf Jahren – und die fünfzehnte Nationalmeisterschaft innerhalb von einundzwanzig Jahren. Außerdem trug Iowa 1995 zum zweiundzwanzigsten Mal hintereinander den Sieg der Big 10 davon – die absolute Rekordserie aller College-Meisterschaften in allen Ligen und in allen Sportarten. Im Halbfinale des NCAA-Turniers 1995 war die Iowa-Mannschaft in sieben von zehn Gewichtsklassen vertreten. Dan Gable, stets ein Perfektionist, war enttäuscht: Seine 68-Kilo- und 86-Kilo-Ringer waren beide amtierende amerikanische Meister – im Finale unterlagen beide.

Wenn ich an Iowa zurückdenke, sind die einzelnen Jahre für mich immer mit dem Ringen verknüpft. Meine Erinnerungen an die Zeit als Student und später als Dozent am Schriftsteller-Workshop vermischen sich häufig; ich verwechsle sogar meine Mitstudenten mit meinen Studenten. Aber ich kann die Jahre (nicht nur die in Iowa) problemlos auseinanderhalten, wenn ich mir ins Gedächtnis rufe, in welcher Ringerhalle ich mit wem trainiert habe und wer der Trainer war. Es spricht für die sachliche und nüchterne Atmosphäre am Schriftsteller-Workshop, dass die Zeiten als Student und als Dozent in meiner Erinnerung verschwimmen. Ich hatte Glück, in Iowa zu landen – sowohl als Student als auch als Dozent.

Der Tod eines Freundes

Don Hendrie junior, der in Exeter mit mir in der Klasse war, obwohl wir damals wenig miteinander zu tun hatten, nahm auch am Schriftsteller-Workshop teil. Er hat vier Romane und eine Sammlung mit Short Stories geschrieben und leitete außerdem mehrere Jahre lang die Schreibkurse für Studienabgänger an der Universität von Alabama. Dass Don Hendrie und ich gleichzeitig in Iowa waren, empfinde ich nicht nur als netten Zufall wie den, dass ich mit David Plimpton dort war, sondern als eine gewisse Ironie, weil wir in unserer Exeter-Zeit beide die Zuneigung derselben jungen Frau zu gewinnen versuchten. Sie heiratete Hendrie, der in Iowa mein bester Freund wurde. Unsere Kinder wuchsen später zusammen auf. Während ich an einem kleinen College in Vermont unterrichtete und die Ringer betreute, unterrichtete Hendrie an einem kleinen College in New Hampshire, nur etwa eine Autostunde entfernt. Als er dann ans Mount Holyoke College ging, folgte ich ihm dorthin nach.

Hendrie hatte die Angewohnheit, seine Romangestalten mit den äußeren Merkmalen und den Eigenschaften seiner Freunde auszustatten und ihnen lediglich fiktive Namen zu geben; mich kränkte das nie, weil Hendrie immer witzig und liebevoll erzählte. Meinen letzten Auftritt in einem Don-Hendrie-Roman hatte ich als Drehbuchautor Barry Kessler in *A Survey of the Atlantic Beaches*. Darin schildert er mich als »fanatischen Sportler mittleren Alters mit einer Vorliebe für Langstreckenlauf und Gewichtheben«.

Wir stritten uns zeit seines Lebens über Oscar Wilde – Hendrie mochte ihn, ich mag ihn nicht. Übrigens kreide ich es keinem Schriftsteller an, wenn er unbedeutend ist; mich stört an Wilde nicht, dass er unbedeutend ist, und meine Abneigung hat erst recht nichts mit seiner Homosexualität zu tun – jener »groben Ungebührlichkeit«, wie es in Großbritannien zu jener Zeit hieß, als Wilde zu zwei Jahren Gefängnis verurteilt wurde, von denen er sich nie mehr erholte. Im Gegenteil, man muss Oscar Wilde mögen, weil er eine Lanze für die »Obszönität« gebrochen hat, als die Sodomie damals galt. Aber ich nehme es ihm übel, dass er ein zweitrangiger Autor war, der es genoss, ihm überlegene Schriftsteller mit witzigen Einzeilern zu attackieren. Hat er Dickens und Flaubert so sehr beneidet, dass er nicht anders konnte, als sie in den Dreck zu ziehen?

Wegen »obszönen« Verhaltens hätte Wilde meiner Ansicht nach nicht einen Tag im Gefängnis zubringen dürfen, aber als Schriftsteller wird ihm die Nachwelt den Platz zuweisen, der ihm gebührt, nämlich dort, wo man ihn schon jetzt am häufigsten antrifft: in großformatigen, reich bebilderten Büchern mit netten, harmlosen Zitaten. Im Gegensatz zu ihm haben Flaubert und Dickens nach wie vor richtige Leser. (Wilde dagegen gehört ganz banal zu jenen zahlreichen Schriftstellern, deren Leben mehr Aufmerksamkeit verdient als ihr Werk.)

All das erwähne ich nur, weil der hundertste Gedenktag seiner ungerechtfertigten Inhaftierung in die Zeit fiel, in der ich diese Zeilen schrieb. Wie zu erwarten, wurde Wilde mit übertriebenen Lobeshymnen überschüttet. Während ich noch bereitwillig akzeptierte, dass »Wildes Gefängnisstrafe zu den größten Tragödien der Literatur zählt«, war ich nicht gewillt, andere Übertreibungen anlässlich des Gedenktages stillschweigend hinzunehmen. Doch mein Freund Don Hendrie war gestorben, und sonst gab es niemanden, mit dem ich über Oscar Wilde hätte streiten wollen.

Hendrie fand häufig Mittel und Wege, private Meinungsverschiedenheiten in seinen Romanen weiterzuspinnen, eine charmante Schrulle, die ich ihm nicht übelnahm. »Barry Kessler pflanzte sich mit den Händen auf den Hüften unter der Tür auf«, schrieb Hendrie. »Er trug Laufschuhe, frische weiße Socken, die fast bis zu den Knien reichten, dünne grüne Shorts und ein makelloses T-Shirt, auf dessen Brusttasche in winziger Schrift ›Oscar Wilde nervt‹ stand. Ein kleiner Mann, schmale Taille, breiter Brustkorb, mit dem verbraucht-zerfurchten Gesicht eines ehemaligen (erfolgreichen) Kinderdarstellers, der sich sein Selbstbewusstsein bewahrt und es mit viel Mühe und Energie noch weiter ausgebaut hatte.«

Don Hendrie starb im März 1995, nur zwei Tage vor dem dreißigsten Geburtstag meines Sohnes Colin. Bereits vier Jahre zuvor hatte Hendrie, der an Parkinson litt, bei einem Schlaganfall sein differenziertes Sprachvermögen eingebüßt; sein Vokabular hatte ihn im Stich gelassen. Als jemand, der selbst schreibt, fand ich es bewundernswert, wie mutig und klaglos er es hinnahm, dass ihm die Wörter abhandenkamen. Nur einen Monat vor seinem Tod unterhielten wir uns noch bei mir zu Hause in Vermont, und als Hendrie ein Wort nicht fand, das er suchte, stand er vom Tisch auf und ging in die Küche. Dort klopfte er mit der flachen Hand geduldig auf den Kühlschrank. »Dieses Ding da«, sagte er, »wo man Lebensmittel reintut, damit sie kalt bleiben.«

Etwa eine Woche später hatte er in Maine einen Autounfall. Als er aus dem Krankenhaus entlassen wurde, war er wackelig auf den Beinen und desorientiert. Abgesehen von seinem Parkinson-bedingten Erschöpfungszustand stimmte etwas mit seinem Herzen nicht. Den Abend bevor er starb verbrachte er mit seinem älteren Sohn im Haus seiner ehemaligen Schwiegermutter in Exeter. Am nächsten Morgen frühstückten die drei noch zusammen, und wenig später erlag Hendrie beim Spaziergang um den Block einem Herzinfarkt. Er fiel in der Front Street um, in ebender Straße, in der ich im Haus meiner Großmutter aufgewachsen bin. (Hendrie stammte nicht aus Exeter; er hatte dort die höhere Schule besucht und ein Mädchen aus der Stadt geheiratet, aber im Laufe der Jahre war Exeter für ihn so etwas wie ein Zuhause geworden.)

Hendrie war es auch, dem ich damals, als ich Vater wurde, mein Motorrad verkaufte. Wir heirateten im Abstand von ein paar Jahren. Ich fungierte bei seiner Hochzeit in Exeter als eine Art Zeremonienmeister; der Empfang fand im Exeter Inn statt, ebenfalls in der Front Street. (Scheiden ließen wir uns auch im Abstand von einigen Jahren.)

Er fehlt mir sehr. Und wenn ich an ihn denke, sehe ich ihn als Mitstudenten in Iowa vor mir, wo wir einander laut vorlasen, was wir geschrieben hatten, und belanglose Sachen sagten – wie zum Beispiel »Oscar Wilde nervt« –, die wir damals natürlich keineswegs belanglos fanden.

Ich war frisch verheiratet und gerade zum ersten Mal Vater geworden; Hendrie war verliebt und wollte bald heiraten – und auch bald Vater werden. Und als Schriftsteller – Möchtegern-Schriftsteller, um genau zu sein – standen wir eben erst am Anfang. Wir jobbten beide in der Universitätsbibliothek, wo wir die zurückgegebenen Bücher wieder in die Regale stellten, und verkauften während der Football-Saison bei den Iowa-Heimspielen Fähnchen, Buttons und Sitzkissen, Kuhhörner zum Tröten und Glocken. Außerdem kellnerten wir beide in einem ekelerregenden Restaurant draußen am Coralville Strip. Entscheidend ist, dass wir uns jeden Tag sahen und allerhand geistloses Zeug machten, aber trotzdem jeden Tag aufregend fanden, weil wir eines Tages Schriftsteller sein würden. So möchte ich ihn in Erinnerung behalten.

Was Vonnegut sagte

Ich erinnere mich nicht mehr an meinen Mitstudenten Tom McHale, den künftigen Autor von *Farragan's Retreat* und *Principato.* Ich muss ihm in Iowa City begegnet sein, kannte ihn aber nicht richtig und weiß auch nicht mehr, wie seine »tolle belgische Freundin« aussah: Dieses Attribut stammt von John Casey, den es überraschte, dass ich mich nicht an sie erinnern kann. (Tom McHale starb 1982, allem Anschein nach war es Suizid; einige Leute behaupten, es sei ein Herzinfarkt gewesen.)

An Jonathan Penner hingegen erinnere ich mich gut; er war groß und hatte ein sehr eindrucksvolles Profil. Ich sehe ihn noch vor mir, wie er seine Runden auf der Hallenbahn absolvierte, wo ich auch jeden Tag lief. Soweit ich weiß, war Penner ein kraftvoller und unermüdlicher Läufer – und ungleich schneller als ich. Aber mein Hauptaugenmerk in Iowa galt der

Entwicklung meiner schriftstellerischen Fähigkeiten; Menschen aus Fleisch und Blut behält ein Autor oft nicht so deutlich in Erinnerung wie seine fiktiven Gestalten. Und so würde es mich nicht wundern, wenn Penner mich nach der Lektüre dieser Zeilen anriefe und mir sagte, dass er überhaupt nie gelaufen ist – keine einzige Runde. (Zu hören, dass Jonathan Penner klein ist, würde mich allerdings wundern.) Klar könnte ich Andre Dubus fragen, ob die Cremetörtchen damals auf seiner oder auf Crumleys Brust gelandet sind. Ich könnte David Plimpton anrufen und ihn fragen, ob er die Dinger geworfen und auf wen er gezielt hat. Aber ich glaube, Gedächtnislücken und sogar Irrtümer stellen eine andere Art von Wahrheit dar: Was wir Romanautoren vergessen oder verwechseln ist Bestandteil dessen, was wir unter »Erinnerungen« verstehen. (Ich weiß noch gut, wie neidisch und entrüstet alle waren, als Plimpton eine Short Story an eine jener Zeitschriften verkauft hatte, die man normalerweise vor Frauen und Kindern versteckt, und das Honorar für eine Schrotflinte ausgab, was einen unserer angesäuerten Mitstudenten zu der Äußerung bewog, er könne nur hoffen, dass Plimpton seine neue Waffe gegen sich selbst richtete.)

Und was ist aus den anderen Mitstudenten in Iowa geworden, die nicht Schriftsteller wurden? Einer ist Englischlehrer an einer Highschool, ein anderer Juraprofessor, ein dritter klinischer Psychologe. (Der Psychologe ist David Plimpton.)

Abgesehen von den zahlreichen arrivierten Autoren, die zu meinen ehemaligen Studenten in Iowa zählten, sind auch meine zwei besten Studentinnen aus dem Schriftstellerverband Bread Loaf, Patty Dann und Elisabeth Hyde, und meine beste Studentin vom Brandeis College, Carol Markson, Romanautorinnen geworden. Und wie steht es mit meinen vielen Creative-Writing-Studenten – nicht nur in Iowa, sondern auch anderswo –, die nicht angetreten sind, um die literarische Welt im Sturm zu erobern? Einer von ihnen ist ein hochangesehener Lektor in einem ehrwürdigen New Yorker Verlag; ein anderer schreibt Drehbücher für Western und lebt ziemlich gut davon; ein Dritter ist Direktor einer renommierten Privatschule; viele sind heute Englischlehrer an Highschools und Colleges; und last not least gibt es jemanden, auf den ich besonders stolz bin: eine Bodybuilder*in* der Meisterklasse, Karen Andes, die ein Buch über Krafttraining für Frauen geschrieben hat. Bei ihrem ersten Roman, der wohl unveröffentlicht bleiben wird, war ich Karen keine große Hilfe, aber ich war der Erste, der sie in eine Sporthalle mitnahm und ihr eine Hantel in die Hand drückte. Jetzt lerne ich von ihr, denn in meinem Alter (ich bin dreiundfünfzig) übersteigt ein Buch über Krafttraining für Bodybuilderinnen meine Leistungsgrenzen bei weitem.

Doch am deutlichsten aus meiner Studienzeit in Iowa ist mir das Gefühl in Erinnerung, verheiratet und Vater zu sein. Damit unterschied ich mich von den meisten anderen Studenten, die Zeit hatten, um sich über das Ringen zu unterhalten – mir kam es vor, als redeten sie endlos darüber. Außer mit Hendrie blieb mir keine Zeit zum Reden; ich hielt zwar nur einen Schreibkurs für Studenten der unteren Semester, hatte aber drei Teilzeitjobs. Wenn ich nicht arbeitete, hütete ich entweder meinen Sohn Colin oder schrieb.

Wir hatten keinen Fernseher. Wenn es etwas Interessantes im Fernsehen gab, setzte ich Colin in den Kinderwagen und ging um den Block zu Vonneguts Haus. Dort schaute ich mir die Berichte über den Sechstagekrieg an, während Colin auf meinem Schoß saß. Ich weiß noch, dass ich mich anlässlich eines anderen Fernsehereignisses – Colin saß wieder auf meinem Schoß oder demolierte irgendeinen Haushaltsgegenstand der Vonneguts – mit Kurt darüber unterhielt, wie ich es anstellen wollte, Geld zu verdienen, um weiterhin schreiben zu können.

Lehrer und Trainer hatten es immer gut mit mir gemeint, Kurt eingeschlossen. Ich ging davon aus, dass ich eine Stelle als Lehrer oder Dozent bekommen und nebenbei als Ringertrainer arbeiten würde. Ich machte mir keinerlei Illusionen darüber, dass ich vom Schreiben würde leben können. Ich erklärte Kurt, ich wolle mich nicht damit unglücklich machen, dass ich mir einbildete, vom Schreiben leben zu können.

»Wer weiß, vielleicht erlebst du eine Überraschung«, erklärte mir Vonnegut. »Ich glaube, der Kapitalismus wird dich anständig behandeln.«

Die Abstimmung über den Doktortitel

Meine erste Stelle als Dozent bekam ich am Windham College (das nicht mehr existiert) in Putney, Vermont. Windham gehörte zu jenen Colleges, die in der Vietnamära eine kurze Blüte erlebten; es war lebhaft bevölkert von Studenten, die nur deshalb studierten, weil sie sich aus Vietnam herauszuhalten versuchten, aber einige dieser Nichtstudenten waren die besten Schüler in Creative Writing, die ich je hatte; ein »richtiger« Student, Willard Saperston, kümmerte sich später um meine Finanzen. Nach Ende des Vietnamkriegs brach in Windham alles zusammen, aber bis dahin hatte ich meine Stelle bereits aufgegeben.

Als ich nach Windham kam, gab es dort keine Ringermannschaft. Ich brachte das College dazu, eine Ringermatte anzuschaffen, die ich in einem alten Geräteraum im Sportplatzgebäude auslegte, wo ich Ringen als sogenannten Clubsport unterrichtete. Etwa ein halbes Dutzend ehemalige Highschool-Ringer, darunter ein paar Vietnamveteranen, bildete den harten Kern des Clubs. Verglichen mit allen anderen Ringerhallen, in denen ich je trainiert hatte, war diese hier unbefriedigend, aber ich hatte meine Trainingspartner, also durfte ich mich nicht beklagen.

Als das College dichtmachte und das gesamte Inventar versteigert wurde, ging ich hin, weil ich hoffte, die Ringermatte erstehen zu können. Aber die war bereits als Teil eines Gesamtpakets mit Sportausrüstung – den Unterwassermassagebecken aus dem Massageraum, drei Allround-Fitnessgeräten und sämtlichen Hanteln und Gewichten aus dem Kraftsportraum – an ein College irgendwo im Süden verkauft worden. Ich glaube nicht, dass der Käufer die Matte überhaupt wollte – in dem betreffenden College wurde Ringen als Sportart gar nicht angeboten –, aber es gelang mir nicht, die Matte aus dem Gesamtpaket herauszuholen.

Trotz des späteren Zusammenbruchs von Windham war Putney für meine Kinder ein schönes Zuhause und in den achtzehn Jahren meiner ersten Ehe mein Hauptwohnsitz; meine

Exfrau Shyla lebt nach wie vor dort. Derselbe Windham-Student, der später mein Finanzmanager werden sollte, erwies sich auch als geschickter Schreiner; auf meinem Grundstück in Putney baute er einen kleinen Geräteschuppen neben der Scheune zu einem Arbeitszimmer für mich um. Fünf Romane schrieb ich größtenteils in dieser winzigen Schuhschachtel, die Shyla inzwischen wieder ihrem ursprünglichen Zweck als Geräteschuppen zugeführt hat. Wie schon erwähnt, »managt« Willard Saperston, der mir zu meinem ersten Arbeitszimmer verholfen hat, jetzt meine Finanzen. (Auch diese Geschichte hat eine Art Symmetrie – wie die von meinem alten Freund Don Hendrie, der in Sichtweite meines Geburtshauses und des Gasthofs starb, in dem sein Hochzeitsempfang stattgefunden hatte.)

Obwohl das Windham College nur relativ kurze Zeit existierte, kehrte ich immer wieder nach Putney zurück. Zwischendurch verbrachte ich ein Jahr in Wien, wo 1969 mein zweiter Sohn, Brendan, geboren wurde, und später verließ ich Putney für drei Jahre, um wieder nach Iowa zu gehen und am Schriftsteller-Workshop zu unterrichten; danach war ich ein Jahr als Dozent am Mount Holyoke tätig und ein weiteres am Brandeis. Dazwischen jedoch kehrte ich immer wieder nach Putney zurück und schrieb im Geräteschuppen.

Während der Zeit, in der meine ersten vier Romane entstanden (*Garp und wie er die Welt sah* war der vierte), hatte ich normalerweise einen Ganztagsjob – mit zwei Ausnahmen, einem Stipendium der Rockefeller Foundation (inzwischen vergibt diese Stiftung keine Einzelstipendien mehr an Schriftsteller) und einem Guggenheim Fellowship. Zwischen 1967 und 1978 konnte ich mich nur zwei Jahre ganz dem Schreiben widmen; und doch entstanden und erschienen in diesen elf Jahren insgesamt vier Romane.

Ein Jahr lang kehrte ich sowohl dem Creative Writing als auch dem Ringen den Rücken und nahm mir frei, um ein Drehbuch zu meinem ersten Roman, *Lasst die Bären los!,* zu schreiben. In diesem Jahr erhielt ich mein Geld nicht ein einziges Mal zur vereinbarten Zeit und schickte regelmäßig verzweifelte Telegramme von Wien nach Los Angeles, in denen ich um die nächste Rate des Drehbuchhonorars bettelte. Schlimmer war, dass mir keine Zeit für meine eigentliche Arbeit blieb, den zweiten Roman; das Drehbuch, von dem es am Ende fünf Fassungen gab, wurde nie verfilmt. Worauf ich hinauswill: In diesem Jahr habe ich im Grunde genommen weniger geschrieben als in allen anderen Jahren, in denen ich ganztags als Dozent und Ringertrainer arbeitete.

Eine Anmerkung: Das Stipendium, das ich vom National Endowment for the Arts erhielt, um meinen dritten Roman fertigzustellen, reichte nicht aus, um eine vierköpfige Familie, die ich ja zu ernähren hatte, einen einzigen Sommer über Wasser zu halten. Ich verwendete es für die gründliche Renovierung des einzigen Bads in unserem Haus in Putney – und besorgte mir einen Sommerjob. Ich beklage mich weder darüber, dass ich mir einen Job suchen musste, noch über das NEA – das gab mir eben, was es sich leisten konnte.

Von vielen anderen Autoren habe ich immer wieder gehört, dass ein Schriftsteller es aus eigener Kraft schaffen muss und sich nicht auf die Universität als finanzielles Standbein stützen darf; diese Autoren behaupten, ein Schriftsteller, der unterrichtet, um seinen Lebensunterhalt zu bestreiten – und somit ohne finanziellen Druck im Nacken schreiben kann –, sei kein richtiger Schriftsteller, sondern gehe nur auf Nummer sicher. Ich persönlich wollte mich bewusst weder dem Druck aussetzen, unfertige Sachen veröffentlichen zu müssen, noch darauf angewiesen sein, vom Schreiben zu leben. Freunde, die die Arbeit an ihren Romanen ständig unterbrachen, um Geschichten für Zeitschriften zu schreiben, oder die Romane ablieferten, die eigentlich dringend hätten überarbeitet werden müssen, nur weil sie die Vorschüsse brauchten, haben unter Geld- und Zeitzwängen gelitten, wie ich sie nie erlebt habe.

Heutzutage ärgert es mich immer maßlos, wenn die paar Glückspilze, die vom Schreiben leben können, bei diversen Creative-Writing-Kursen in ganz Amerika ihr unsensibles Credo verkünden. In Anwesenheit guter Schriftsteller, die sich ihren Lebensunterhalt mit Unterrichten verdienen, denunzieren Bestsellerautoren die Universität mit Vorliebe als allzu bequemen Zufluchtsort. Und nicht selten drängen sie junge Schriftsteller dazu, es aus eigener Kraft zu versuchen und notfalls – welche Heuchelei! – eben ein bisschen zu hungern. Das ist natürlich hohles, verlogenes Geschwätz, das doppelt schwer zu ertragen ist, wenn der missionierende Autor einen teuren Maßanzug trägt und einen Vertrag über mehrere Bücher mit je fünfundzwanzig Auslandslizenzen in der Tasche hat.

Für amerikanische Autoren sind Creative-Writing-Kurse eine wirtschaftliche Notwendigkeit und ein wesentlicher Bestandteil ihres Lebens als Schriftsteller. Und für die paar Studenten, die wirklich davon profitieren, sind sie, was Ermutigung und Zeitersparnis angeht, ein Geschenk; Schriftsteller, vor allem junge Schriftsteller, brauchen mehr von beidem.

Der Haken ist nur: Nicht jeder Autor kann oder sollte Creative Writing unterrichten. Viele meiner Schriftstellerfreunde sind einfach zu unnahbar für die Art von zwischenmenschlichem Kontakt, den diese Aufgabe erfordert; einige fühlen sich in Gegenwart ›junger Leute‹ extrem unbehaglich, und ziemlich viele haben ein zu dünnes Fell, um die gemeine Interessenpolitik, die an Englischen Instituten betrieben wird, zu verkraften.

Ich gehörte einmal (in Windham) zum Lehrkörper eines Englischen Instituts, an dem ein älterer Professor den Vorschlag machte, nichtpromovierte Dozenten nicht an den Abstimmungen über den Lehrplan teilnehmen zu lassen. Da ich in diesem Kreis der Einzige ohne Ph.D. war, trat ich die Flucht nach vorn an: Ich stimmte dem Vorschlag zu und schmeichelte meinen Kollegen, indem ich erklärte, eine Doktorarbeit sei wirklich eine »gewaltige« Leistung. Allerdings fände ich es nur recht und billig anzukündigen, dass bald mein erster Roman veröffentlicht würde, der einer Doktorarbeit doch gewiss ebenbürtig sei; ich wolle also auf mein Stimmrecht verzichten, bis mein Roman erschienen war.

Weiter erscheine es mir nur recht und billig anzukündigen, dass ich einen zweiten und dritten Roman – und nach Möglichkeit noch viele mehr – zu schreiben beabsichtige und selbstverständlich davon ausgehe, mit dem Erscheinen jedes neuen Romans eine zusätzliche Stimme zu erhalten. Zu meiner Überraschung wurde mein Verteidigungsversuch nicht so humorvoll aufgenommen, wie ich ihn vorgebracht hatte, aber der Vorschlag, nur promovierte Mitarbeiter über Lehrplanfragen abstimmen zu lassen, wurde mit knapper Mehrheit abgeschmettert.

Viele Schriftsteller, die ich kenne, würden lieber pausenlos für Zeitschriften und Zeitungen schreiben, als sich der aufgeblasenen Verrücktheit von Akademikern aussetzen. Ich kam damit ganz gut zurecht. Ich stand früh auf, um zu schreiben – Kinder im Haus machen es einem leicht, aus den Federn zu kommen. Ich traf mich regelmäßig zu festen Zeiten mit meinen Studenten, hing während der Institutssitzungen meinen Tagträumen nach und ging dann in die Ringerhalle – eine Vielzahl unterschiedlichster Ringerhallen –, wo ich zwei Stunden lang alles andere vergaß. Zum Glück bedeutete das, dass ich mich niemandem zuliebe mit dem Schreiben beeilte. Und ich konnte mich abschotten gegenüber den Seiten des Universitätslebens, die so viele Schriftsteller aus tiefster Seele hassen und unerträglich finden. Der springende Punkt ist, dass Schriftsteller ihren Lebensunterhalt im Normalfall anders bestreiten müssen als mit Schreiben, was sie am allerliebsten tun würden. Und die wirtschaftlichen Voraussetzungen für Schriftsteller werden nicht besser – außer für ein paar Glückspilze wie mich.

Mein erster Roman

Im Jahr 1968 bekam ich für meinen ersten Roman, der 1969 bei Random House erschien, einen Vorschuss von 7500 Dollar. Joe Fox war mein Lektor. Ich bin noch immer bei Random House, und Joe Fox, dort nach wie vor Verlagslektor, sagte mir, dass der Vorschuss für einen literarischen Erstlingsroman – »von dem man sich ähnlich viel erwartet wie damals von *Lasst die Bären los!*« – heutzutage im Schnitt 12 000 Dollar beträgt. (Richard Seaver, mein Lektor bei Arcade, bestreitet das; er behauptet, 7500 Dollar seien auch heute noch eher die Norm.)

1968 hätte ich, mit Frau und einem Kind, von 7500 Dollar fast ein Jahr lang leben können, wäre dadurch aber genau unter den Druck geraten, den ich auf jeden Fall vermeiden wollte, nämlich überstürzt einen zweiten Roman vorlegen zu müssen. Folglich behielt ich meine Jobs als Dozent und Ringertrainer und schrieb meinen zweiten – und den dritten und vierten – Roman in verhaltenem Tempo.

1968 war es für eine dreiköpfige Familie eher möglich, ein Jahr lang von 7500 Dollar zu leben, als heute für eine dreiköpfige Familie, mit 12 500 Dollar auch nur annähernd auszukommen – wobei ich im Augenblick davon ausgehe, dass der von Joe Fox genannte Betrag stimmt. Und wie gut hat sich *Lasst die Bären los!* wirklich verkauft? Etwa 8000 Hardcover-Exemplare – für damalige Zeiten eine schöne Stückzahl, die meine Erwartungen und die meines Verlegers weit übertraf. Heutzutage würde man einen vergleichbaren Roman in einer Erstauflage zwischen 7500 und 10 000 Exemplaren drucken – mit dem entscheidenden Unterschied, dass der Verkauf von 8000 Büchern weder dem Verleger noch dem Autor ein so beruhigendes Gefühl bescheren würde wie 1969 Joe Fox und mir.

(Ich habe nie damit gerechnet, dass mich, knapp zehn Jahre später, *Garp und wie er die Welt sah* in die Lage versetzen würde, ausschließlich vom Schreiben zu leben. Ich kann nicht behaupten, dass mir die Creative-Writing-Kurse fehlen – sie waren harte Arbeit und sehr zeitaufwendig. Aber die Arbeit lohnte sich, war ehrenhaft und für meine Studenten von Nutzen, wenn auch nur für einige wenige.)

Bei anderer Gelegenheit fragte ich Joe Fox, ob er den Roman *Lasst die Bären los!* veröffentlichen würde, wenn er heute auf seinem Schreibtisch bei Random House landete. Mein Freund Joe zögerte, einen Augenblick zu lang, bevor er sagte: »Tja, schon, aber …« Ich glaube, die Antwort lautet: nein.

Meine beiden Champions

Ich unterrichtete insgesamt elf Jahre lang Creative Writing an den unterschiedlichsten Institutionen; und obwohl seit der Veröffentlichung von *Garp und wie er die Welt sah* keine finanzielle Notwendigkeit mehr bestand, einen Job anzunehmen, war ich noch lange danach als Ringertrainer tätig – bis 1989, bis ich siebenundvierzig war; das lag nicht nur daran, dass ich lieber Ringer trainierte als unterrichtete, sondern hatte noch eine Reihe anderer Gründe. Ausschlaggebend war der Erfolg meiner beiden älteren Söhne in diesem Sport – sie waren bessere Ringer (und bessere Athleten) als ich, und sie zu coachen bedeutete mir mehr als meine eigenen bescheidenen Leistungen als aktiver Wettkämpfer.

Colin, der an der Northfield Mount Hermon rang, wurde beim jährlichen Lehigh-Turnier 1983 Prepschool All-American in der 69-Kilo-Klasse. Im selben Jahr gewann er den New-England-Titel in der A-Liga bei 72,5 Kilo. Pikanterweise schulterte er im Finale einen Jungen aus Exeter. Im A-Liga-Turnier, für das er die Ted Seabrooke-Gedenkplakette erhielt, wurde er zum »Outstanding Wrestler« gekürt. Noch glücklicher wäre ich gewesen, wenn Ted Seabrooke noch gelebt und miterlebt hätte, wie Colin die Meisterschaft gewann. Ted hatte Colin nur einmal ringen sehen, als Colin gerade damit anfing.

»Er hat viel längere Arme als du«, hatte er mir erklärt. »Du solltest ihm einen Nackenhebel zeigen.« Bis Colin es zum A-Liga-Champion und All-American brachte, schulterte er die Hälfte seiner Gegner mit einem Nackenhebel.

Mit seinen einsneunzig ist Colin ziemlich groß für ein Mittelgewicht. Ich glaube, dass sein Trainer am College es zwar gut meinte, aber einen Fehler machte, als er Colin durch konsequentes Gewichtheben in die Gewichtsklasse bis 80 Kilo und schließlich bis 86 Kilo hinauftrainierte. Colin war von Natur aus kein Halbschwergewicht; am besten war er als großer Mittelgewichtler. Heutzutage – inzwischen ist Colin dreißig – rührt er keine Gewichte mehr an und fährt statt dessen Mountainbike; er wiegt 79 Kilo und ist sehr schlank.

Sein jüngerer Bruder Brendan ist, wie ich, ein Leichtgewicht, im Gegensatz zu mir allerdings ziemlich groß; er ist einsachtzig, aber so schlank, dass er größer wirkt. (Ich bin nur einszweiundsiebzig, »normal« für ein Leichtgewicht.) Selbstverständlich wuchsen Colin und Brendan in Ringerhallen auf, und auf der Matte herumzurollen wurde ihnen zur zweiten Natur; Brendan lernte sogar auf einer Ringermatte gehen. Im Gegensatz zu Colin, der erst in der Prepschool bei Wettkämpfen antrat, hatte Brendan bereits sechs New England-Junior-School-Turniere gewonnen, bevor er mit der Prepschool anfing. (Das erste Turnier gewann er in der Kategorie bis 37,5 Kilo.) Als Brendan schließlich für die Vermont Academy rang, beobachteten ihn die anderen Ringer – und vor allem die anderen Trainer – in der New England A-Liga sehr genau; die allgemeine Erwartung, dass er es seinem großen Bruder gleichtat, war für Brendan eine Belastung, vor allem weil er sehr viel mehr zu Verletzungen neigte als Colin.

In seinem zweiten Jahr an der Vermont Academy kam Brendan beim New-England-Turnier in der A-Liga auf den dritten Platz; für ihn bedeutete das einen guten Abschluss einer schlechten Saison, da dieses Turnier nur einen Monat nach einer Meniskusoperation stattfand und er den größten Teil der Saison ’87 versäumt hatte. Ein Jahr später wurde er im selben Turnier auf Startnummer zwei gesetzt; er hatte eine Freundschaftskampf-Saison ohne Niederlage hinter sich, wenn man von den zwei Kämpfen absieht, die er verlor, weil er wegen einer Verletzung nicht antreten konnte. Im Halbfinale verletzte er sich erneut das Knie und musste eine Schulterniederlage von einem Jungen einstecken, den er zu einem früheren Zeitpunkt geschultert hatte. Wegen seiner Verletzung musste er wohl oder übel aus der A-Liga ausscheiden; im selben Sommer verletzte er sich im Navy-Ringercamp in Annapolis dasselbe Knie noch einmal, so dass er den Rest des Sommers und den ganzen Herbst in physiotherapeutische Behandlung musste.

Im vorletzten Prepschool-Jahr unterlag Colin knapp im A-Liga-Finale – einem Jungen, den er während der Freundschaftskampf-Saison mühelos besiegt hatte; den New-England-Titel in der A-Liga errang er erst im letzten Schuljahr. Brendans letztes Jahr fing schon schlecht an. Wegen einer ausgekugelten Schulter und einer im Manschettenbereich gerissenen Rotatorensehne konnte er nicht am Weihnachtsturnier teilnehmen. 1989 war er Mannschaftskapitän der Vermont Academy, verbrachte aber den größten Teil der Saison auf der Bank. Als seine Schulter geheilt war, wurde er wieder für drei Wettkämpfe aufgestellt; er gewann alle drei – danach musste er noch einmal drei Wochen wegen Pfeifferschen Drüsenfiebers aussetzen (danach brach er sich noch einen Schneidezahn aus).

Eine Woche vor dem New-England-A-Liga-Turnier rang Brendan an der St. Paul's Prepschool; sein Gegner, der am Verlieren war und wiederholt einen Nackenhebel ansetzte, bog ihm zwei Finger der rechten Hand nach hinten, so dass sie im Bereich der Grundgelenke brachen. Aufgrund der Regel, die besagt, dass nur alle vier Finger, nicht aber einer oder zwei gebogen werden dürfen, wurde Brendan zum Sieger erklärt, obwohl er wegen der Verletzung aufgeben musste. Aber der Schaden war angerichtet: Seine Finger heilten natürlich nicht bis zum Turnier, so dass er in der A-Liga mit zwei gebrochenen Fingern ringen musste.

Obendrein musste er sich auch noch beleidigen lassen. Die Mutter des St. Paul's-Ringers focht die Entscheidung des Kampfrichters an, der Brendan zum Sieger erklärt hatte, weil ihr

Sohn einen verbotenen Griff angewandt hatte. Grundsätzlich gilt: Wird ein Ringer durch einen verbotenen Griff verletzt und kann nicht weiterringen, hat er gewonnen. Aber die Mutter des anderen erklärte, Brendan sei bereits vor dem Wettkampf verletzt gewesen; sie habe an einem seiner – inzwischen gebrochenen – Finger ein Pflaster gesehen. (Brendan hatte sich den Knöchel aufgeschürft, als er am Morgen vor der Fahrt zum Wiegen das Eis von seiner Windschutzscheibe abgekratzt hatte.) Am liebsten hätte ich ihr eine Videokassette von dem Kampf geschickt: Ihr Sohn hatte nicht nur eindeutig Brendans Finger gebrochen, sondern Brendan zeigte in dem Augenblick auch noch mit der anderen Hand auf seine verbogenen Finger, um den Kampfrichter auf das Foul aufmerksam zu machen. Der Kampfrichter hatte richtig entschieden, hätte die sich anbahnende Verletzung aber eher sehen müssen und sie verhindern können.

In Anbetracht der Häufung von Verletzungen und der wenigen Wettkämpfe in der Saison '89 wurde Brendan beim New-England-A-Liga-Turnier völlig zu Recht nur auf Startnummer fünf in der 61-Kilo-Kategorie gesetzt; in dieser Gewichtsklasse gab es sieben andere Ringer, die alle einige Siege vorzuweisen hatten. Als sein Trainer – ich war ein Jahr lang Assistenztrainer an der Vermont Academy und in Brendans vorletzter und letzter Saison Cheftrainer – hatte ich erwogen, Brendan in die 63,5-Kilo-Kategorie aufrücken zu lassen. Immerhin hatte er in den vergangenen Jahren die zwei besten Ringer in dieser Gewichtsklasse im Finale geschultert; und 1989 war die 63,5-Kilo-Klasse in der A-Liga schwächer besetzt als die 61-Kilo-Klasse. Aber Brendan, der schon von klein auf imponierend hartnäckig gewesen war, beharrte darauf, dass 61 Kilo seine Gewichtsklasse sei und er nicht aufrücken wolle. (Kein Ringer rückt gern eine Gewichtsklasse nach oben.)

Das New-England-A-Liga-Turnier fand in diesem Jahr in Exeter statt – in der neuen Sporthalle, in der ich nie gerungen hatte. (Keine Ahnung, wofür die Grube inzwischen verwendet wird.) 1989 hatte ich an der kleinen Vermont Academy eine gute Mannschaft. Bei der Mannschaftswertung in der A-Liga wurden wir Dritte – hinter Deerfield und Exeter, zwei weitaus größeren Schulen. Ich schickte drei Ringer von der Vermont Academy in die Finalkämpfe, zwei von ihnen gewannen – einer der beiden war Brendan. Er schulterte den auf Startnummer vier gesetzten Ringer von der Northfield Mount Hermon im Viertelfinale, die Nummer eins von der Hyde im Halbfinale und die Nummer zwei von der Worcester Prepschool im Finale. Seine gebrochenen Finger, die ihm im Halbfinale erneut gebrochen wurden, steckte er zwischen den Runden in einen Eiskübel.

Tom Williams, der drei Jahre später an Krebs starb, kam eigens zu diesem Turnier. Colin war auch da. Ebenso meine Frau Janet; in zwei Jahren hat sie nicht einen von Brendans Kämpfen versäumt – und dabei Unmengen von Fotos gemacht, wie es uns damals vorkam. (Je mehr Zeit vergeht, um so dankbarer bin ich für jedes Foto.) Meine Mutter war von Florida angereist, um sich das Turnier anzusehen. Und mein alter Mannschaftskamerad aus Exeter, der jetzige General Krulak, war ebenfalls gekommen, um Brendan zu sehen. Er hatte ihn beim Lakes-Regent-Turnier (das inzwischen Northern-New-England-Turnier heißt) im Jahr zuvor gewinnen sehen und ihm versprochen, zum New-England-A-Liga-Turnier zu kommen – aber nur, wenn Brendan ihm versprach zu gewinnen. Brendan hatte es ihm versprochen, und er hatte Wort gehalten.

(Dass er das Zeug dazu hat, wusste ich, ehrlich gesagt, schon immer. Nur war er so ramponiert, dass ich mir nicht vorstellen konnte, dass er es tatsächlich schaffen würde.)

Ich habe unzählige Stunden meines Lebens bei Ringkampfturnieren verbracht und noch viel mehr in Ringerhallen. Auf Exeter und Pittsburgh, Iowa und Windham folgten die vielen Stunden in den Ringerhallen des Amherst College und der Buckingham Browne & Nichols School, dann die in Harvard, im New York Athletic Club, an der Northfield Mount Hermon und der Vermont Academy. Es war der perfekte Abschluss – in Exeter, wo alles begonnen hatte, sollte sich der Kreis schließen. Ich wusste zwar, dass ich nach wie vor gelegentlich in einer Ringerhalle zu Gast sein und auch selbst noch Ringerschuhe anziehen würde – und sei es nur, um mit Colin oder Brendan oder einem anderen alten Exringer meiner Generation auf der Matte herumzurollen –, aber mein Ringerleben nahm dort endgültig ein Ende.

Ich setzte die Ringer der Vermont Academy mit meinem Co-Trainer Mike Kennelly in den Bus und bat Mike und die Mannschaft um Verständnis dafür, dass ich dieses letzte Mal nicht im

Bus mitfuhr. Ich wollte mit meinen Söhnen in Colins Auto nach Vermont zurückfahren. Auf der langen Heimfahrt (wir waren noch immer irgendwo in New Hampshire) bekam Colin einen Strafzettel wegen überhöhter Geschwindigkeit – kurz nachdem er Brendan und mir einen Vortrag über die Unfehlbarkeit seines neuen Radar-Erkennungssystems gehalten hatte. Aber wir lachten nur über den Strafzettel. Brendan hatte, wie zuvor sein Bruder, den New-England-Titel in der A-Liga gewonnen. Es war der glücklichste Abend meines Lebens.

Mein letzter Gang auf die Waage

Freilich könnte ich mit langem Gesicht herumlaufen und mir wünschen, meine Karriere als aktiver Ringer hätte ein halb so glückliches Ende genommen wie mein Dasein als Trainer. Aber ich glaube, ich hatte Glück, weil mir der sportliche Erfolg meiner Kinder immer mehr Vergnügen bereitet hat als mein eigener; ich freue mich über meine Kinder und gebe mir Mühe, sie nicht anzutreiben – mich selbst treibe ich schon an.

1976 steckte ich mitten in *Garp und wie er die Welt sah* und kam nicht recht weiter – der Roman hatte drei erste Kapitel, und ich konnte mich nicht entscheiden, ob Garp die Hauptfigur sein sollte oder seine Mutter. Ich hatte mich um ein Guggenheim-Stipendium beworben, wusste jedoch nicht, dass ich es diesmal bekommen würde; ich hatte mich schon einmal beworben, ohne Erfolg. Damals unterrichtete ich am Mount Holyoke, einem reinen Frauen-College in South

Hadley, Massachusetts, und trainierte in der Ringerhalle des Amherst College.

Henry Littlefield war zu der Zeit dort Trainer. Henry war ein Schwergewicht, an ihm war alles riesig. Er war mehr als nur gesprächig, er war eloquent; und er war nicht nur gutmütig, sondern ausgesprochen fröhlich. Henry war etwas Besonderes, eine Art Renaissancemensch unter den Ringertrainern, und ihm war es zu verdanken, dass in der Amherst-Ringerhalle eine angriffslustige und zugleich gutmütige Atmosphäre herrschte – eine Kombination, die schwer zu erzielen ist.

Ich wohnte in einer Personalwohnung neben dem Sportplatz des Mount Holyoke, so dass Colin und Brendan einen riesigen ›Hof‹ zum Spielen und den College-Pool zum Schwimmen hatten. Meine Kurse legte ich so, dass ich am frühen Morgen laufen oder in den Kraftsportraum des College gehen konnte; mittags schrieb ich ein paar Stunden – und dann noch ein paar am späten Abend, wenn die Kinder im Bett waren. Am Nachmittag fuhr ich regelmäßig in die Ringerhalle des Amherst College; oft nahm ich Colin mit, der damals gerade elf wurde.

Zu Beginn der Saison wog ich 73,5 Kilo. Nach

Saisonende sollte am Springfield College ein offenes Turnier stattfinden, an dem ich in der 61,5-Kilo-Klasse teilnehmen wollte. Ich war vierunddreißig und wurde die Pfunde nicht mehr so leicht los wie früher. Doch nach drei Monaten konnte ich die erreichten 64,5 Kilo ohne große Mühe halten; der Rest war, wie wir Ringer zu sagen pflegen, »nur Wasser«. Und das war auch alles, was ich in diesen Monaten trank – nur Wasser. Zum Frühstück aß ich eine halbe Grapefruit mit einem Teelöffel Honig und dazu meist einen Apfel oder eine Banane; mittags gab es ein Schälchen Haferflocken mit einem Löffel Ahornsirup und abends gedämpften Fisch und Gemüse – viel, viel Gemüse.

In der letzten Woche vor dem Turnier wog ich durchgehend weniger als 63,5 Kilo, kam aber einfach nicht unter 62,5 – das war das »Wasser«. Dann wurde ich krank; ich bekam eine Bronchitis, vertrug aber keine Antibiotika auf leeren Magen. Der Arzt erklärte mir, ich müsse etwas essen, um mir den Magen nicht zu ruinieren, oder die Antibiotika absetzen; Letzteres ging nicht, weil ich mit Bronchitis nicht ringen konnte. Also versuchte ich, meinen Magen mit ein bisschen Joghurt und Magermilch zu besänftigen. Danach ging es mir zwar etwas besser, aber innerhalb von zwei Tagen brachte ich 65,6 Kilo auf die Waage. Ich kam einfach nicht auf die angestrebten 61,5 Kilo, obwohl ich wusste, dass es mein ideales Gewicht zum Ringen war. Die nächsthöhere Gewichtsklasse ging bis 67,5 Kilo; ich aß mehr Haferflocken und gönnte mir zum gedämpften Fisch und dem Gemüse etwas Reis.

In Springfield wog ich, in voller Montur, 66,5 Kilo – dabei hatte ich vor dem Wiegen noch gefrühstückt. Die anderen Ringer in meiner Gewichtsklasse waren nackt und atmeten ganz aus, bevor sie auf die Waage stiegen; ich gab mir Mühe, darüber hinwegzusehen, wie groß sie waren. Als ich im Massageraum noch bandagiert wurde – ich hatte schon die ganze Saison über einen ›lockeren‹ kleinen Finger, der ständig aus dem Gelenk sprang –, sah Colin mit finsterer Miene zu. Er fing gerade an, sich für das Ringen zu interessieren, und hatte beim Wiegen ganz genau aufgepasst.

»Was denkst du, Colin?«, fragte ich ihn.

»Du siehst aus wie ein 16-Kilo-Knirps, Dad«, sagte Colin.

Ich hatte das Turnier in Springfield nie als mein letztes Turnier betrachtet, sondern lediglich gehofft, ein oder zwei Kämpfe zu gewinnen – und vielleicht in die Wertung zu kommen. Auf den Gedanken, dass es für Colin schmerzlich sein könnte, mitansehen zu müssen, wie ich verlor, war ich gar nicht gekommen. Für Brendan, der in diesem Frühjahr erst sechs war, kam es beim Zuschauen nicht darauf an, ob ich gewann oder verlor. Aber Colin war alt genug, um zu merken, dass es für mich ungleich schlimmer war, in einem Ringkampf zu unterliegen, als am Wochenende beim Tennis ein paar Sätze gegen einen Freund zu verlieren.

In der ersten Runde zog ich ein Los, das mir einen recht ungestümen Gegner bescherte. »Talent wird häufig überschätzt«, pflegte Ted Seabrooke zu sagen. Der Junge war talentiert und sehr gefährlich, aber auch dumm. In der ersten Runde war ich übertrieben vorsichtig; ich verzichtete auf ein paar Würfe, die mir bestimmt gelungen wären, weil ich einen Überwurf befürchtete, den der wilde Kerl offenbar mit Vorliebe aus der Kniestellung machte – bei den Würfen führte ich ohnehin. In der Oberlage war mein Gegner am gefährlichsten. Er war ein Beinspezialist, der meinen Einsteiger mit einem billigen Kniestoß vereitelte. (Dabei hatte ich noch Glück, dass mich nur der Tritt erwischte, denn eigentlich wollte er auf eine Beinschraube hinaus – sehr unangenehm.) Ich lag 6 zu 3 in Führung, aber wegen der Brückenlage stand es jetzt unentschieden 6 zu 6 – und ich befand mich noch immer in der Bodenlage. Sofort nach dem Anpfiff brachte der andere sein vorderes Bein wieder in die richtige Stellung für einen Einsteiger, aber diesmal rammte ich ihm den Kopf in die Matte, bevor er meinen hinteren Arm fesseln konnte – eine recht elementare Konteraktion gegen einen Einsteiger. Ted Seabrooke hatte mich gewarnt, dass diese Aktion bei einem guten Beinspezialisten nicht funktionieren würde, aber der Kerl war nicht gut, sondern ziemlich nachlässig.

Zunächst dachte ich, ich hätte ihm zu einer Gehirnerschütterung verholfen, aber er benötigte nur 45 Sekunden Verletzungszeit, um wieder einen klaren Kopf zu bekommen. Man sah ihm an, dass er wütend auf mich war. Beim Ringen ist es dumm, auf den Gegner wütend zu sein; außerdem war meine Aktion absolut regelgerecht gewesen – eine Ted-Seabrooke-, keine Cliff-Gallagher-Aktion.

Der Kampfrichter hatte wegen der Verletzung gepfiffen, ohne mir Punkte für meine Wende zu geben, also stand es nach wie vor 6 zu 6 – und ich war noch immer in der Bodenlage. Beim Anpfiff brachte der begabte, aber etwas beschränkte Bursche wieder seinen Fuß vor, und wieder schützte ich meinen hinteren Arm und bohrte ihm den Kopf in die Matte. Diesmal brauchte er eine ganze Minute, um sich wieder zu fangen; das bedeutete, dass er die Verletzungszeit überschritt und ich infolgedessen gewann. Mein Gegner war noch immer wütend, und man merkte ihm an, dass er den Kampf seiner Meinung nach gewonnen hätte, wenn ich ihm nicht wiederholt den Kopf in die Matte gerammt hätte. Ich neige dazu, ihm recht zu geben. Er machte auf mich einen unermüdlichen Eindruck – unermüdlich, aber dumm. Er erklärte mir, er wünschte sich nur, in der Hoffnungsrunde noch einmal auf mich zu treffen. Wenn ich irgendwann vor dem Finale einen Kampf verlor, landete ich auf der Liste der Teilnehmer für die Hoffnungsrunde. Und wenn der Beinspezialist in dieser Runde sämtliche Kämpfe gewann, konnte es passieren, dass wir noch einmal aufeinandertrafen. Hoffentlich nicht.

(»So etwas wie einen halben Einsteiger gibt es nicht«, pflegte Coach Seabrooke zu sagen. »Wenn man ein Bein unter den Gegner stellt, muss man irgendetwas zu fassen bekommen – es sei denn, man möchte sich unbedingt den Kopf in die Matte rammen lassen.«)

Im Umkleideraum knallte der wilde Bursche mit seinem Brummschädel Spinde zu und trat gegen Bänke. Ich versuchte ihm aus dem Weg zu gehen, aber er folgte mir in den Massageraum, wo ich mir meinen ›lockeren‹ linken kleinen Finger frisch bandagieren ließ.

»Ich mag es nicht, wenn sich jemand an meinem Scheißkopf vergreift!«, erklärte er mir.

Ich kam mir alt vor, wie ein Trainer, nicht wie ein Ringer. Also zitierte ich Ted Seabrooke: »Wenn man ein Bein unter den Gegner stellt, muss man irgendetwas zu fassen bekommen – es sei denn, man möchte sich unbedingt den Kopf in die Matte rammen lassen.«

»Scheiße!«, schrie der andere. (Ein mir unbegreiflicher Kommentar, etwa so intelligent wie ein halber Einsteiger.)

Ich war froh, dass sich Colin bei Brendan auf der Zuschauertribüne befand. Don Hendrie war mit seinen Kindern ebenfalls dort. Mit frisch bandagiertem Finger kehrte ich in die Halle zurück, in der die Matten ausgelegt waren. Unter den Turnierteilnehmern waren auch ein paar

Amherst-Ringer; ich schaute mir alle ihre Kämpfe an, und wir betreuten uns den ganzen Tag lang gegenseitig.

Wie es aussah, war der härteste Turnierteilnehmer in meiner Gewichtsklasse ein Bursche von der Coast Guard Academy; er war sehr flink auf den Beinen und wandte bevorzugt diverse Spaltgriffe an, um seine Gegner auf die Matte zu bringen – und gegen einen Spaltgriff war meine beste Konteraktion, eine Schleuder, machtlos. Ich wusste, dass ich mit diesem Gegner Schwierigkeiten haben würde, machte aber den Fehler, mich gleich auf ihn einzustellen, als die Paarungen bekanntgegeben wurden, und übersah dabei den Gegner, mit dem ich in der nächsten Runde zu ringen hatte. Er war irgendwo beim Militär. Später erzählte er mir, er sei in Deutschland stationiert gewesen und habe dort zahlreiche griechisch-römische Wettkämpfe ausgetragen; zum damaligen Zeitpunkt war er, wenn ich mich recht erinnere, irgendwo in New Jersey stationiert. Ich war mit meinen Gedanken bei dem Burschen von der Coast Guard Academy, ein Konzentrationsfehler – und noch ein Hinweis darauf, dass es an der Zeit war, das aktive Ringen aufzugeben und nur noch Trainer zu sein. In der ersten Runde steckte ich ein paar Niederwürfe ein, die vermeidbar gewesen wären. In der zweiten geriet ich, obwohl ich nur drei Punkte im Rückstand war, zu früh in Panik und machte einen Griffansatz zu einem Wurf, ohne mich in der richtigen Ausgangsposition zu befinden, so dass mich der Kontergriff meines Gegners auf den Rücken beförderte. Als ich mich aus der gefährlichen Lage befreite, lag ich mit sieben Punkten im Rückstand. Nun hatte ich wirklich Grund zur Panik. Zwar gelang es mir vor Ende der Runde, wieder in den Stand zu kommen, aber einen Wurf schaffte ich vor dem Gong nicht mehr; damit lag ich zu Beginn der dritten Runde sechs Punkte im Rückstand. Ich konnte mich noch einmal aus der Bodenlage befreien und meinen Gegner zu Fall bringen, dann bekam er einen Strafpunkt wegen Passivität; in der letzten Runde beherrschte ich ihn längere Zeit (und erhielt dafür noch einen Punkt), war mir aber dessen bewusst, dass ich als 16-Kilo-Knirps versuchte, einen 22-Kilo-Koloss zu drehen – und dafür war er einfach zu schwer. Ich verlor mit einem Punkt Rückstand. Es war ein ehrenhafter Kampf gewesen, aber ich hatte ihn in der ersten Runde verschenkt. »Mentale Fehler«, hätte mir Coach Seabrooke erklärt.

Ich landete in der Hoffnungsrunde und wurde im ersten Kampf geschultert. In der ersten Runde hatte ich mit einem Runterreißer Punkte gemacht und führte 2 zu 1, weil mein Gegner nach dem Niederwurf gleich wieder auf die Beine kam, als er mich mit einem eleganten Überwurf erwischte, dem eine ungestüme Brustklammer und ein Beinfeger vorausgingen. Bevor ich wieder zu Atem kam, lag ich auf beiden Schultern. Auf dem Weg in den Massageraum, wo ich mir die Bandage abmachen lassen wollte, stellte ich fest, dass mein linker kleiner Finger senkrecht nach oben stand; er war wieder aus dem Gelenk geschnappt, ohne dass ich mitbekommen hatte, wann und wie es passiert war. Der Trainer renkte ihn mir wieder ein.

Ich saß auf dem Massagetisch, die linke Hand in Eis gepackt, als mein Gegner aus der zweiten Runde – der, der früher in Deutschland und jetzt in New Jersey stationiert war – hereinkam, um seinen Nacken mit Eis zu behandeln. Er war im Halbfinale auf den Mann von der Coast Guard Academy getroffen – er hatte gegen ihn verloren – und wollte jetzt mehr über den Burschen vom Springfield College wissen, der mir soeben eine Schulterniederlage beigebracht hatte. Ich konnte ihm nur raten, sich vor der ungestümen Brustklammer und dem Beinfeger in Acht zu nehmen.

Es kam mir noch immer nicht in den Sinn, dass das mein letztes Turnier war; obwohl mich die Schulterniederlage gewaltig ärgerte, fühlte ich mich nicht schlecht. Dann gab mir der Mann vom Militär zum Abschied die Hand, und ich wünschte ihm weiterhin viel Glück. Da ich aus dem Turnier ausgeschieden war und meine Kinder hier waren, schien es mir an der Zeit, sie ins Auto zu packen und nach Hause zu fahren. Ich hatte Lust auf ein Bier und wollte so viel essen, wie mein geschrumpfter Magen verkraften konnte.

Beim Hinausgehen sagte der andere: »Guter Kampf, Sir.«

Das war alles. Aber es genügte. Er meinte es nicht böse, aber für mich war es ein Schlag. Er mochte ungefähr vierundzwanzig sein, und ich war vierunddreißig, aber als er mich »Sir« nannte, kam ich mir älter vor als jetzt mit dreiundfünfzig. Uralt. Es war höchste Zeit, mit dem Ringen aufzuhören und nur noch Trainer zu sein.

Später rief ich Ted Seabrooke an. (Damals waren es noch vier Jahre bis zu Teds Tod. Er war krank gewesen, aber ich hatte keine Ahnung, was ihm Schlimmes bevorstand; ich bezweifle, dass er es selbst wusste.) Ich berichtete Ted vom Ausgang des Turniers und erklärte ihm, ich hätte beschlossen, nicht mehr aktiv an Wettkämpfen teilzunehmen; dann erzählte ich ihm die Geschichte mit dem »Sir«.

»Johnny, Johnny«, sagte Coach Seabrooke. »Wenn der Bursche beim Militär ist, spricht er jeden mit ›Sir‹ an.« Unglaublich, dass ich darauf nicht gekommen war. Aber dafür war es jetzt zu spät.

Es war das letzte Mal, dass ich zum Wiegen gegangen war. Eine Woche vor dem Turnier hatte ich noch 62,5 Kilo gewogen, beim Turnier dann 66,5 – in voller Montur. Als ich mich, ebenfalls im Frühjahr '76, nach dem Abendessen an Ostern auf die Waage stellte, wog ich knapp 75 Kilo – mein »Normalgewicht«. (Heute wiege ich ein halbes Kilo mehr.)

Ich erinnere mich, dass wir, zwölf Tage nachdem Brendan den A-Liga-Titel in der 61-Kilo-Klasse gewonnen hatte, in einer Sporthalle auf der britischen Karibikinsel Anguilla waren. Ich strampelte auf dem Hometrainer, und Brendan machte Blödsinn auf dem Laufband; er stellte es auf Höchstgeschwindigkeit und versuchte dann, aufzuspringen und sich oben zu halten, so lange es ging. Im Umkleideraum stand eine Waage; vor dem Schwimmen zog sich Brendan aus und wog sich. Zwölf Tage zuvor hatte er beim Wiegen 61 Kilo auf die Waage gebracht, jetzt waren es fast 70. Das war vor sechs Jahren. Kürzlich rief ich Brendan in Colorado an.

»Was wiegst du?«, fragte ich ihn (die Standardfrage unter Ringern).

Es entstand eine Pause, in der Brendan den Hörer weglegte, um sich zu wiegen. Da er den Fernseher eingeschaltet hatte (in Colorado), bekam ich (in Vermont) zufällig etwas über den O.J.-Simpson-Prozess auf CNN mit. Dann kam Brendan wieder ans Telefon.

»Knapp siebzig«, sagte er.

(Während ich das schreibe, ist mein dritter Sohn Everett, der im Oktober 1991 in Rutland, Vermont, geboren wurde, dreieinhalb Jahre alt und wiegt 14 Kilo. Er ist groß für sein Alter und etwas leichter, als es im Schnitt seiner Größe entspricht. Seine Hände wirken im Vergleich zum restlichen Körper groß. Müsste ich einen Tipp abgeben, würde ich sagen, er sieht nach einem zukünftigen Mittelgewicht aus.)

Nur ein Mensch

Mein Engagement für das Ringen ist häufig missverstanden worden, sogar von meinen Freunden. Mit John Cheever bin ich befreundet, seit wir beide in Iowa unterrichteten. Er kochte ebenso begeistert italienisch wie ich, so dass wir jeden Montagabend bei mir Pasta aßen und Football anschauten. An Allan Gurganus schrieb Cheever einmal: »Bei John hatte ich immer das Gefühl, dass es ihn traurig stimmte, dass sein Dasein als Kapitän der Ringermannschaft von Exeter eine flüchtige Ehre war.«

John Cheever war unglaublich korrekt und hatte in vielen Dingen recht. Einmal wies er mich darauf hin, dass die Beschreibungen von Geschlechtsakten und Menschen beim Essen meinen Geschichten abträglich seien; diese Dinge könne man sehr viel mehr genießen, wenn sie nicht beschrieben würden. Aber was immer mich »traurig gestimmt« haben mochte, lastete er fälschlicherweise dem Ringen an, das für mich nie etwas mit »flüchtiger« Ehre zu tun gehabt hatte. Selbst als ich längst nicht mehr an Wettkämpfen teilnahm – auch nicht als Kampfrichter –, blieb mir die Disziplin. (Meine Ringerzeit bestand aus einem Achtel Talent und sieben Achteln Disziplin. Und ich glaube, dass sich mein Leben als Schriftsteller ebenfalls aus einem Achtel Talent und sieben Achteln Disziplin zusammensetzt.)

Ich mag mich auch nicht über meine diversen Operationen beklagen, die ich dem Ringen zu verdanken habe – beide Knie, der linke Ellbogen, die linke Schulter. Von den vier Operationen war nur die Schulter eine gravierende Angelegenheit; eine am Ansatz abgerissene Rotatorensehne ist kein Vergnügen. Aber selbst die Verletzungen, die diese Operationen erforderlich machten, betrachte ich als dauerhafte (und nicht als »flüchtige«) Ehre. Das eine Knie (Meniskusriss) verletzte ich mir, als ich in einer Wettkampfpause beim NCAA-Turnier 1984 mit J. Robinson im Fitnessraum des Sportzentrums Meadowlands Arena herumblödelte; das andere überdehnte ich mir vier Jahre später beim Ringen mit einem von Brendans Mannschaftskameraden von der Vermont Academy – einem netten Jungen namens Joe Black. (Joe war dreifacher New-England-Meister in der A-Liga in den Gewichtsklassen bis 72,5 und 77,5 Kilo.) Irgendwann zwischen den Knieverletzungen überdehnte ich mir beim Trainieren mit Colin im New York Athletic Club den Ellbogen. Und meine Schulter kapitulierte allmählich, nachdem ich sie mir wiederholt überdehnt und überdreht hatte. Als schließlich die Sehne des Musculus supraspinatus vom Humerus abriss, passierte das nicht etwa beim Ringen, sondern als ich mit Everett auf dem Arm (damals war er zwei) von einer Rutsche fiel und bei dem Versuch, ihn aufzufangen und nicht auf ihn zu fallen, auf meiner lädierten Schulter landete. Everett, der auf meiner Brust landete, tat sich nichts. (Wäre Coach Seabrooke bei diesem Sturz dabei gewesen, hätte er mich daran erinnert, dass ich aus dem Stand schon immer besser zur rechten als zur linken Seite abrollen konnte.)

Für mich steht zweifellos fest, dass ich durch das Ringen mehr gelernt habe als durch Creative-Writing-Kurse; gut schreiben bedeutet *um*schreiben, und um gut zu ringen, muss man es immer wieder tun – man muss die Griffe und Bewegungen unermüdlich wiederholen, bis sie einem zur zweiten Natur werden. Ich habe mich weder je als ›geborenen‹ Schriftsteller empfunden noch als ›geborenen‹ oder auch nur guten Athleten. Gut bin ich im *Um*schreiben; auf Anhieb bekomme ich nie etwas richtig hin, aber ich weiß, wie man verbessert, und verbessere immer wieder.

Weiterhin als Trainer zu arbeiten – obwohl es aus finanziellen Gründen nicht mehr nötig war – empfand ich nicht als Belastung, zumal es längst nicht so zeitaufwendig war wie das Unterrichten. Auf Prepschool-Ebene, wo ich hauptsächlich als Coach tätig war, ist das Ringen ein Saisonsport, und weder die Stunden, die ich in der Sporthalle verbrachte, noch die Zeiten, in denen ich mit der Mannschaft unterwegs war, beschnitten meine schriftstellerische Tätigkeit in irgendeiner Weise – im Gegenteil, das Ringen bot mir gewissermaßen Zuflucht vor dem Schreiben. Es war entspannend, während Schreiben zu ›unterrichten‹ einen Großteil der grauen Zellen strapazierte, die ich für meine eigene Arbeit benötigt hätte.

Irgendwann hat ein neuer Faktor, der Videorecorder, Einzug in die Welt des Sports und der Trainingshallen gehalten. Meines Wissens gibt es für Creative-Writing-Kurse kein so handliches

Gerät. Ein Beispiel: Mein 85,5-Kilo-Mann verlässt niedergeschlagen die Matte – wieder einmal als Verlierer, weil er jedes Mal, wenn er sich aus der Bodenlage befreit und in den Stand kommt, mit weit vom Brustkorb abgespreizten Ellbogen herumfuchtelt – für den Gegner geradezu eine Einladung, ihn nach einem Durchschlüpfer nach vorn zu reißen und aufs Gesicht zu werfen. Sooft ich ihn darauf hinweise, dass (bei diesem schwachen Versuch, in den Stand zu kommen) ein Gegenstand von der Größe seines Kopfes in dem freien Raum zwischen Ellbogen und Brustkorb Platz gehabt hätte, versichert er mir: »Ich hatte die Ellbogen ganz dicht am Körper, Coach – er hat irgendwas damit angestellt!«

Nun aber folgte am nächsten Tag die Videositzung, bei der ich meinem 85,5-Kilo-Mann im Beisein seiner kichernden Kameraden das Ausmaß seines erbärmlichen Aufstehversuchs demonstrieren konnte (bei dem die Ellbogen so weit vom Körper abstanden und flatterten wie die gestutzten Flügel eines Huhns). Ich zeigte den Ausschnitt in Zeitlupe. Ich spulte ihn zurück und zeigte ihn noch einmal in Zeitlupe; in späteren Jahren konnte ich das Bild sogar anhalten – und damit erübrigte sich jede weitere Diskussion (bis er es wieder tat). Aber ich hatte Unterstützung: Die Kamera lieferte den Beweis, dass meine Kritik berechtigt war.

Für Creative-Writing-Kurse gibt es keine so unbestechliche Kontrollmöglichkeit, und ein Student, der eine mit gravierenden Mängeln behaftete Geschichte verbrochen hat, erntet von seinen Kollegen häufig Bewunderung und erhält Rückendeckung. Der Dozent geht aus solchen Debatten nur selten als Sieger hervor. Da sagt man zum Beispiel: »Wenn der Vater mit einem Apfel im Mund tot umfällt, während er an den vorderen Kotflügel des Autos seiner Schwiegermutter pinkelt – na ja, mir fällt es einfach schwer, das nachzuvollziehen.« Daraufhin bricht der Student, in diesem Fall eine Studentin, in Tränen aus und gesteht, genau das sei ihrem eigenen Vater passiert, genau so, wie sie es geschildert hat. Und an dieser Stelle ist dann natürlich jedes Mal die zeitlose Erklärung fällig, dass man das »wirkliche Leben« so darstellen muss, dass es auch echt wirkt – nur weil etwas tatsächlich passiert ist, muss es noch lange nicht glaubhaft sein. Vielmehr gilt, dass erfundene Einzelheiten oft viel einleuchtender sind als die unglaubwürdigen, aber wahren, an die wir uns erinnern.

Es ist ein hartes Stück Arbeit, das Studenten klarzumachen, die im Naturalismus verankert sind, und jungen Schriftstellern, deren Phantasie nicht ausreicht, um sich über den autobiographischen Roman hinauszubewegen – sprich: jenen Heerscharen von Erstlingsromanautoren, für die ein Roman nicht mehr ist als eine kaum verbrämte Beschreibung des eigenen bisherigen Lebens.

Auch sind die ersten Versuche junger Schriftsteller, sich vom autobiographischen Roman zu lösen, nicht unbedingt erfolgreich. Einer meiner Studenten in Iowa – als Geisteswissenschaftler ein brillanter Bursche, der später in einem Fach promovierte, das ich nicht einmal aussprechen, geschweige denn richtig schreiben kann – schrieb eine glänzende Short Story über eine Dinnerparty aus der Sicht der Gabel der Gastgeberin.

Wenn sich das für den Leser faszinierend anhört, stehe ich bereits auf verlorenem Posten. Tatsächlich waren die anderen Studenten von dieser Geschichte ebenso hingerissen wie von dem jungen Genie, aus dessen Feder sie stammte. Dass mich die Gabel-Geschichte ganz offensichtlich kaltließ, empfanden sie nicht nur als Beleidigung des Autors, sondern als persönliche Kränkung.

Alle bis auf einen, denn unverhofft erhielt ich Schützenhilfe von einem sonst recht schweigsamen Kursteilnehmer, von dem man das am allerwenigsten erwartet hätte. Er war Inder, stammte aus Kerala, ein gläubiger Christ, und wurde wegen seines Akzents und seiner etwas eigenwilligen Art, Sätze zu bauen, nicht ganz ernst genommen – wie jemand, der sich mit Englisch als Zweitsprache herumplagt, was auf ihn nicht zutraf. Englisch war seine Muttersprache, die er ausgezeichnet sprach und schrieb; doch wegen seines Akzents und des ungewohnten Sprachrhythmus, der sich auch auf seine geschriebenen Sätze übertrug, sahen die anderen Studenten auf ihn herab.

In den stürmischen Beifall hinein, den die Gabel-Story erntete, und während mein »Aber …« wiederholt in lauten Lobeshymnen unterging, sagte dieser Mann: »Entschuldigt, aber vielleicht hätte mich die Geschichte angesprochen, wenn ich eine Gabel wäre. Leider bin ich nur ein Mensch.«

An dem Tag hätte eigentlich er der Lehrer sein müssen und ich hätte ihm zuhören sollen. Inzwischen schreibt er nicht mehr, bis auf die Weihnachtskarten, die er Jahr für Jahr getreulich aus

Indien schickt, wo er als Arzt tätig ist. Unter die üblichen Festtagswünsche und das alljährliche Foto seiner wachsenden Familie schreibt er stets mit ruhiger, gut leserlicher Handschrift: »Noch immer nur ein Mensch.« Und ich schreibe auf meine Weihnachtskarten an ihn: »Noch immer keine Gabel.«

(Meinen Creative-Writing-Studenten sagte ich immer: Das Wunderbare und Erschreckende an dem leeren Blatt Papier, das auf den ersten Satz eures nächsten Buches wartet, besteht darin, dass es völlig unbeeindruckt von eurem bestehenden oder nichtvorhandenen Ruf ist. Dieses leere Blatt hat eure früheren Werke nicht gelesen, es vergleicht euch weder mit seinem Lieblingsroman aus eurer Feder, noch belächelt es spöttisch eure alten Fehlschläge. Das ist das ungeheuer Belebende und absolut Erschreckende an einem Anfang – an jedem neuen Anfang. An diesem Punkt wird selbst ein noch so erfahrener Lehrer immer wieder zum Schüler.)

Und was ist aus dem Gabel-Autor geworden? Wo lebt er heute? In Boston, glaube ich; relevanter ist wohl, dass er ein arrivierter Romanautor geworden ist, ein guter Autor. Ich fand seinen ersten Roman großartig und stellte zu meiner ungeheuren Erleichterung fest, dass die darin vorkommenden Figuren allesamt Menschen waren – keine Spur von Besteck.

Aber leider dürfen diese im Großen und Ganzen angenehmen Erinnerungen nicht über die Tatsache hinwegtäuschen, dass ich für manche meiner Studenten vermutlich eine Nelson-Algren-Rolle gespielt habe. Bestimmt habe ich auch einige junge Schriftsteller gekränkt, die es ernster meinten und begabter waren, als ich ihnen zugestand. Doch ich bezweifle, dass ich irgendeinem richtigen Schriftsteller Schaden zugefügt habe, genauso wenig wie mir Mr. Algren mit seinem unverblümten und (meiner Meinung nach) unfairen Urteil geschadet hat; richtige Schriftsteller sollten sich lieber frühzeitig daran gewöhnen, missverstanden zu werden.

Wenn mir das passiert, denke ich an das, was mir Ted Seabrooke einmal gesagt hat: »Dass du nicht besonders begabt bist, braucht nicht das Ende vom Lied zu sein.«

Anmerkungen des Autors

Ein paar Seiten dieser Erinnerungen wurden ursprünglich als Brief an John Baker geschrieben, den Chefredakteur von *Publishers Weekly*. Auszüge daraus druckte John im ›PW‹ vom 5. Juni 1995 ab. Meine Erinnerungen an Don Hendrie erschienen zum Teil in Gestalt eines Nachrufs auf Hendrie, den ich für *The Exeter Bulletin* (Herbst 1995) verfasste. Und ein Auszug aus *Die imaginäre Freundin* wurde 1995 in einer Herbstausgabe des *New Yorker* abgedruckt.

Deborah Garrison vom *New Yorker* und meiner Frau Janet bin ich dankbar für ihre redaktionellen Anmerkungen zu einer früheren Fassung dieses Selbstporträts, die den Titel *Mentoren* trug und (ob Sie es glauben oder nicht) weniger als zehn Seiten über das Ringen enthielt. Deb und Janet verbündeten sich gegen mich und meinten sinngemäß: »Soll das ein Witz sein? Wo bleibt das Ringen?«

Dass diese autobiographische Skizze überhaupt zustande kam, liegt nur daran, dass ich 1994 eine Woche vor Weihnachten an der Schulter operiert wurde. Ich war nicht annähernd darauf vorbereitet, dass die Wiederherstellung meines Schultergelenks so viele Monate lang so viele Stunden am Tag beanspruchen würde, sondern hatte mit einer raschen Genesung gerechnet. Zwar wusste ich, dass im Bereich des oberen Schultergelenks ein bisschen am Knochen herumgesägt werden musste und dass eine Rotatorensehne gerissen war; aber dass sie direkt am Ansatz vom Humerus abgerissen war, wusste ich ebenso wenig wie der Chirurg – der stellte es auch erst bei der Operation fest.

Die vor mir liegenden vier Monate mit täglich vier Stunden Krankengymnastik und Aufbautraining schienen mir nicht gerade ideal, um mit dem neuen Roman zu beginnen, den ich eigentlich nach Weihnachten in Angriff nehmen wollte. Ich hatte rund zweihundert Seiten Notizen und einen halbwegs passablen ersten Satz, aber die unumgänglichen Reha-Maßnahmen lenkten mich zu sehr ab.

Eines Tages im Januar '95 hing ich im Büro meiner Frau herum und ging ihr und ihrer Assistentin auf die Nerven. Ich stöberte ziellos herum und steckte meine Nase in die Manuskripte, die sich wie in jeder Literaturagentur stapelten und darauf warteten, gelesen zu werden. Man hatte mir erst kürzlich die Fäden aus der Schulter entfernt, und ich fing gerade erst mit der Krankengymnastik an; ich trug den Arm noch in der Schlinge und langweilte mich.

Janet mag es nicht, wenn ich in ihrem Büro herumhänge. »Was hältst du davon, wenn du hier verschwindest?«, meinte sie. »Geh doch und schreib einen Roman.«

Ich gab mir alle Mühe, möglichst viel Selbstmitleid in meine Stimme zu legen, als ich sagte: »Mit einem Arm in der Schlinge und vier Stunden Krankengymnastik am Tag kann ich keinen Roman schreiben.«

»Dann schreib deine Memoiren oder sonst was«, schlug Janet vor. »Hauptsache, du verschwindest hier.«

Ich nahm mir vor, in vier Monaten hundert Seiten zu schreiben. Ich brauchte fünf Monate, und das fertige Manuskript umfasste hundert und eine Seite – die Fotos nicht mitgerechnet.

Und so verging der Winter '95 mit der Wiederherstellung meiner Schulter (in Vermont zählt der April noch als Wintermonat). Jeden Morgen begab ich mich als Erstes zur Physiotherapeutin, die meine Schulter ›manipulierte‹ und mir genau sagte, welche Dehnübungen und welches Hanteltraining ich am Nachmittag machen sollte. Um die Mittagszeit schrieb ich an meinem Selbstporträt, und am Spätnachmittag oder am frühen Abend begab ich mich in meinen Ringerraum und absolvierte meine physiotherapeutischen ›Hausaufgaben‹.

›Mein Ringerraum‹ in unserem Haus in Vermont ist etwa acht Meter vom Arbeitszimmer entfernt. (Dazwischen liegt ein kleiner Umkleideraum mit Toilette, drei Waschbecken, zwei Duschen und einer Sauna.) Meine Ringermatte ist so groß wie die Innenfläche einer Turniermatte. An einer Wand des Raums hängen an Holzpflöcken etwa ein Dutzend Springseile in verschiedenen Längen; am anderen Ende befindet sich eine freie Fläche zum Gewichtheben – ein paar Hantelbänke und zwei Gestelle mit Langhanteln. Daneben stehen ein Heimtrainer und ein Laufband, und außerdem gibt es jede Menge Fächer mit Knie-, Ellbogen- und Ohrenschützern, elastischen Klebebinden und rund einem Dutzend Paar Ringerschuhen, alle so ziemlich gleich groß. (Brendans Füße sind kaum größer als meine, und Colins kaum größer als die von Brendan.)

An den Wänden hängen über dreihundert Fotos, nur wenige von mir und noch weniger von Everett – für seine Fotos, die bestimmt eines Tages kommen, ist nicht mehr viel Platz. Die meisten Fotos sind von Colin und Brendan, und daneben hängen die Turnierlisten der Ringerturniere, die sie gewonnen haben. Ein Fach enthält zwölf Medaillen, fünf Statuetten und eine Plakette. Nur die Plakette gehört mir. Ich habe es nie zu einer Medaille oder Statuette gebracht, weil ich nie ein Turnier gewonnen habe.

Die Plakette habe ich eigentlich auch nicht ›gewonnen‹. 1992 gehörte ich zu den ersten zehn Leuten, die von der National Wrestling Hall of Fame in Stillwater, Oklahoma, in die Hall of Outstanding Americans gewählt wurden. Diese »herausragenden Amerikaner« waren nicht notwendigerweise hervorragende Ringer, einige allerdings schon; ausgewählt wurden sie jedoch deshalb, weil sie in einem anderen Bereich Außergewöhnliches geleistet hatten und eben auch rangen (auf unserem Niveau).

Ich fühle mich geehrt, in die National Wrestling Hall of Fame aufgenommen worden zu sein, obwohl es mir peinlich ist, sozusagen durch die Hintertür Zutritt erlangt zu haben – also aufgrund von Leistungen, die nichts mit dem Ringen oder meiner Arbeit als Trainer zu tun haben. Ich empfinde es als Privileg, mit mehreren berühmten Ringern und Trainern, die in dieser »Ruhmeshalle« vertreten sind – darunter George Martin, Dave McCuskey, Rex Peery und Dan Gable – in derselben Ringerhalle trainiert zu haben.

Auch Kirk Douglas und General H. Norman Schwarzkopf zählen zu den »herausragenden Amerikanern«, die mit der Aufnahme in die National Wrestling Hall of Fame geehrt wurden. Es wundert mich, dass mein Schriftstellerkollege Ken Kesey nicht zu diesem Kreis gehört, obwohl er sich weit größere Verdienste im Ringen erworben hat als ich. Er gilt nach wie vor als einer der zehn Spitzenringer (mit den meisten Siegen insgesamt) der Universität Oregon, wo er 1957 Examen machte. 1982, mit siebenundvierzig Jahren, gewann Kesey die Meisterschaft der Amateur Athletic Union in der Gewichtsklasse bis 89,5 Kilo.

Sobald der Senat General Charles C. Krulaks Beförderung zum Vier-Sterne-General bestätigt hat und General Krulak offiziell im Gremium der Joint Chiefs of Staff dient, wird der neue Kommandierende General des U.S. Marine Corps vermutlich auch in die Hall of Outstanding Americans in Stillwater aufgenommen. Chuck, den die *New York Times* einmal als »Miniaturdynamo von einem Mann« bezeichnete – in Exeter wog er 54,5 Kilo, an der Marineakademie ein Kilo mehr –, war im Laufe seiner Dienstzeit zweimal als Zugführer und Kompaniechef im Vietnamkrieg eingesetzt und tat später als Kommandant der Schule für Bandenbekämpfung in Okinawa Dienst. Anschließend war er Kommandierender General des U.S. Marine Corps Combat Development Command in Quantico, Virginia, und befehligte, unmittelbar bevor Präsident Clinton ihn zum neuen Kommandanten der Marines ernannte, 82 000 Marines und sechshundert Kampfflugzeuge im Pazifik. (Im Fall eines Krieges in Korea oder am Persischen Golf hätten sämtliche dort stationierten Marineeinheiten unter seinem Kommando gestanden.) Aber wenn Chuck Krulak, wie anzunehmen ist, in die National Wrestling Hall of Fame aufgenommen wird, ergeht es ihm wahrscheinlich wie mir: Er wird das Gefühl haben, dass diese Ehre unverdient ist.

Deshalb steht meine Plakette von der National Wrestling Hall of Fame auch etwas verschämt ganz hinten in dem Fach im Ringerraum neben den Medaillen und den Statuetten, die sich Colin und Brendan ehrlich erkämpft haben. Ich gehe deshalb so ausführlich auf ›meinen Ringerraum‹ und seine unmittelbare Nachbarschaft zu meinem Arbeitszimmer ein, weil ich begreiflich machen möchte, dass für mich Schreiben und Ringen immer nah beieinanderlagen; tatsächlich lagen sie in dem Winter, in dem *Die imaginäre Freundin* entstand, nur acht Meter auseinander.

Vier Monate lang wagte ich mich nicht weiter als diese acht Meter – außer für eine Fahrt nach Aspen Mitte März, wo ich eine knappe Woche mit Colin und Brendan verbrachte. Skifahren konnte ich nicht, dafür ging ich in die Sporthalle, wiederholte die Übungen, die mir meine Physiotherapeutin gezeigt hatte, und paddelte mit Everett im geheizten Pool und in der Badewanne herum. Ich traf mich wiederholt mit Kay und Jim Salter zu einem netten Abendessen und kehrte dann nach Vermont zurück, um die *Freundin* fertigzustellen – aber es gelang mir nicht. Jedenfalls nicht vor meiner Abreise nach Frankreich im April, wo soeben die französische Übersetzung von *Zirkuskind* erschienen war. Nach mehreren Interviews in der Halle des Pariser Hotels ›Lutétia‹ schleifte mich ein Fotograf auf eine kleine Grünfläche (kleiner als ein Park) in der Nähe des Boulevard Raspail, wo ich mich neben eine Statue des französischen Romanciers François Mauriac stellen sollte. Aber das wollte ich nicht, zum einen, weil sie fünf Meter groß ist – und ich nur einszweiundsiebzig –, zum anderen, weil ich fand, dass Mauriac ausgesprochen unterernährt und deprimiert aussieht. Wahrscheinlich kränkt es ihn, sich neben jedem Autor fotografieren lassen zu müssen, der zu Besuch nach Paris kommt und im ›Lutétia‹ wohnt.

Paris, das hieß für mich, ständig daran zu denken, dass ich *Die imaginäre Freundin* vor meiner Abreise nach Frankreich nicht fertiggestellt hatte, und mich andauernd und wenig feinfühlig mit François Mauriac vergleichen lassen zu müssen. Einer seiner Kritiker meinte einmal, Gott würde sicher nicht gutheißen, was er geschrieben hatte, worauf Mauriac die bewundernswerte Antwort gab: »Gott ist es völlig egal, was wir schreiben, aber wenn wir es gut machen, kann Er es verwenden.« (Ich erklärte einem Fotografen nach dem anderen, Gott habe für ein Foto von John Irving und François Mauriac garantiert keine Verwendung, aber die Burschen kapierten das nicht; einer interpretierte meine Weigerung, mich mit Mauriac fotografieren zu lassen, gar als eindeutigen Hinweis darauf, dass er es mit einem Glaubenseiferer zu tun hatte.)

Nach meiner Rückkehr nach Vermont schleppte sich der April dahin – und die *Freundin* ebenfalls. Im Mai verbrachte ich eine knappe Woche mit Colin und Brendan in Kalifornien. Inzwischen beanspruchten meine Reha-Übungen nur noch zwei Stunden am Tag, und ich stellte fest, dass ich Everett wieder auf den Schultern tragen konnte; wir fuhren mit ihm nach Disney-Land, wo ihn allerdings meist Colin und Brendan herumtrugen, die sich damit leichter taten als ich. Auf dem Rückflug von Los Angeles war ich noch immer mit der Überarbeitung der *Imaginären Freundin* beschäftigt, die erst im Juni fertig wurde.

Autobiographische Texte bringen es offenbar mit sich, dass man beim Schreiben anfängt, die Menschen, die darin vorkommen, zu vermissen; meine Romanfiguren fehlen mir nie, obwohl ich schon von einigen Lesern gehört habe, dass es ihnen so ergeht. Ich ertappte mich dabei, dass ich auf einmal Leute anrufen wollte, die ich über dreißig Jahre weder gesehen noch gesprochen hatte. In den meisten Fällen hatte das nicht nur nostalgische, sondern auch pragmatische Gründe, weil ich oft nicht mehr genau wusste, in welcher Gewichtsklasse der eine oder andere gerungen und ob er einen Titel der Big-10 gewonnen hatte oder gar in die Wertung gekommen war.

Wiederholt rief ich Cliff Gallaghers Witwe Kay an. Cliff hatte so vielerlei gemacht, dass ich nicht mehr alles zusammenbekam. Es war nett, sich mit Kay zu unterhalten, aber anschließend fehlte mir Cliff nur noch mehr.

Was den Zufall betrifft, jenen ständigen Begleiter eines Schriftstellers, so fiel Don Hendries Tod (im März) genau mit dem Punkt in meiner ›Autobiographie‹ zusammen, an dem Don Hendrie zum ersten Mal auftauchen sollte. Mein Freund Phillip Borsos starb ebenfalls im vergangenen Winter; er hatte in dem Film *The Grey Fox* Regie geführt, und ich bemühte mich fast zehn Jahre lang darum, *Gottes Werk und Teufels Beitrag* mit ihm als Regisseur zu verfilmen. Phillip war erst einundvierzig; sein Tod (er starb an Krebs), an sich schon traurig genug, rief mir den Tod von Tony Richardson ins Gedächtnis. (Tony, der Regisseur von *Das Hotel New Hampshire*, starb 1991 an Aids. Bei *Garp und wie er die Welt sah* führte mein Freund George Roy Hill, inzwischen durch Parkinson geschwächt, Regie.) Tony hatte die Angewohnheit, mich spätabends anzurufen, um zu hören, ob ich in letzter Zeit ein gutes Buch gelesen hatte; er war eine unersättliche Leseratte. Wenn ich an Tony denke, überkommt mich häufig auch das Bedürfnis, Leute anzurufen. Als allmählich das Ende der *Imaginären Freundin* in Sicht kam, rief ich alle möglichen Leute an.

Am Wochenende des Heldengedenktags (30. Mai) rief ich meinen alten Freund Eric Ross in Crested Butte an. Während ich in Frankreich war und mich dagegen wehrte, mit Mauriac fotografiert zu werden, hatte Eric beim Golfspielen in Irland einen schweren Gichtanfall erlitten. Ich habe nie Golf gespielt und auch nie Gicht gehabt, aber die Kombination erschien mir ebenso grausam wie erheiternd.

Angeregt durch unser Gespräch, beschloss ich, Vincent Buonomano anzurufen. Naiverweise ging ich davon aus, dass Buonomano nach Abschluss der Mount Pleasant Highschool in der Gegend von Providence geblieben war. Ich rief die Auskunft in Rhode Island an und erfuhr, dass es in Providence und Umgebung nur einen Vincent Buonomano gab, und der wohnte in Warwick. Ich rief dort an.

Am Telefon meldete sich ein Mädchen, der Stimme nach ein Teenager. Ich erkundigte mich nach Vincent Buonomano. Das Mädchen fragte: »Wer spricht da?«

»Wahrscheinlich erinnert er sich nicht mehr an mich«, sagte ich. »Ich habe ihn nicht mehr gesehen, seit er auf der Highschool war.«

Sie legte den Hörer weg und rief »Dad!« oder vielleicht auch »Daddy!«. Jedenfalls hatte ich den Eindruck, dass es sich um ein großes Haus und eine große Familie handelte.

Mr. Buonomano war sehr freundlich am Telefon, aber er war nicht der Vincent Buonomano, der mich in der Grube geschultert hatte – knapp eine Minute vor Ende des Kampfes. Er sagte, er bekomme gelegentlich Anrufe, die einem anderen Buonomano, einem Ringer, gelten, und einmal seien irrtümlicherweise auch ein paar Rechnungen für »den Ringer« bei ihm gelandet. Der Buonomano, den ich suchte, sei vermutlich auf irgendein College gegangen und Arzt geworden – das schlösse er daraus, dass eine Rechnung die Rückzahlung eines Studentendarlehens betraf und eine andere an Dr. Vincent Buonomano adressiert war. (Wahrscheinlich hat er sich auf Nacken spezialisiert.) Aber ich konnte ihn nicht ausfindig machen. Er hat sich in Luft aufgelöst und sicher nie mehr an mich gedacht.

Dieser Fehlschlag stimmte mich so traurig, dass ich unbedingt Anthony Pierannunzi anrufen wollte. Bei ihm war die Wahrscheinlichkeit, dass er sich an mich erinnerte, etwas größer, weil unsere Ringkämpfe meist knapp ausgegangen waren. Aber durch die Auskunft erfuhr ich, dass es in East Providence keinen Anthony Pierannunzi gab und in Providence nur einen. Das musste er sein, ich war ganz sicher – und rief auch gleich an. Als sich eine äußerst liebenswürdige Frau meldete, fiel mir sofort Pierannunzis Freundin wieder ein. (Vielleicht war es auch seine Schwester gewesen – jedenfalls war sie umwerfend.) Ich stellte mir vor, dass ich mit dem Highschool-Schwarm meines Erzrivalen sprach, inzwischen eine treusorgende Ehefrau über dreißig.

Ich sagte irgend etwas Dämliches wie: »Bin ich hier richtig bei Anthony Pierannunzi, dem Ringer?« Die Frau lachte. »Lieber Himmel, nein«, sagte sie. Sie hatte von dem Ringer gehört, weil schon wiederholt Anrufe für ihn gekommen waren – und natürlich Rechnungen, die jemand an die falsche Adresse geschickt hatte. Die Frau erzählte mir, ihr Mann sei einmal am Telefon gefragt worden, ob er *der* Anthony Pierannunzi sei. Und natürlich suchte auch ich *den* Anthony Pierannunzi. Aber der hatte sich in Luft aufgelöst, wie Vincent Buonomano, und keiner von beiden ahnte, wie wichtig er für mich war.

Ich hatte das Bedürfnis, mit einem Freund zu reden.

Im Anschluss an ein Telefonat mit Sonny Greenhalgh, das mit einer Meinungsverschiedenheit darüber endete, ob John Carr in der Gewichtsklasse bis 66,5 oder bis 71 Kilo gerungen hatte, beschloss ich, Carr anzurufen. Das Gespräch mit Sonny hatte sich, wie die meisten unserer Gespräche, vorwiegend um Sherman Moyer gedreht. Sonny hat es bis heute nicht verwunden, dass er in einer Saison zweimal gegen Moyer verloren hatte – obwohl das dreiunddreißig Jahre zurückliegt. (Sonny war ein All-American, Moyer nicht. Wahrscheinlich ist das der Grund, warum sich Sonny nicht mit diesen beiden Niederlagen abfinden kann.) Doch mein Mitgefühl für Sonny hält sich auch heute noch in Grenzen, weil ich damals natürlich Moyer angefeuert habe, der mein Mannschaftskamerad war. Sonny kannte ich zu der Zeit nicht, ich wusste nur, dass er ein sehr anerkannter 59-Kilo-Mann am Syracuse College war. Außerdem hatte ich eine ganze Saison lang jeden Tag mit Moyer gerungen, und das bedeutete, dass ich ihm jeden Tag unterlag – läppische zwei Niederlagen von Moyer einstecken zu müssen ist in meinen Augen weder eine Schande noch besonders hart. Sonny und ich reden auch jedes Mal über seinen Sohn Jon, den ich als Trainer betreute, solange er zusammen mit Brendan die Vermont Academy besuchte. Jon Greenhalgh gewann 1989 einen New-England-Titel.)

Aber diesmal ging es in dem Gespräch mit Sonny um John Carr. Hatte er in der 66,5-Kilo- oder in der 71-Kilo-Klasse gerungen? Wir kamen deshalb auf Carr zu sprechen, weil Sonny erfahren hatte, dass sein Vater gestorben war. Mr. Carr ist mir von jenem Turnier in West Point her, bei dem er so begeistert für unseren abwesenden Trainer einsprang und mich betreute, in recht liebevoller Erinnerung. Nach dem Telefonat mit Sonny gab es noch etwas, was ich John Carr fragen wollte: Ich wusste zwar, dass er ein Jahr, bevor wir beide nach Pittsburgh kamen, einen New-England-Titel gewonnen hatte, konnte mich aber nicht erinnern, ob er damals ein Zusatzjahr in Andover oder in Cheshire gemacht hatte – die Uniformen beider Prepschools waren blau, wenn ich mich recht erinnere.

Beim New-England-Turnier in jenem Jahr wurde Anthony Pierannunzi, der hervorragende East-Providence-Mann, der dafür gesorgt hatte, dass ich keinen New-England-Titel gewann, zum »Outstanding Wrestler« gekürt; man kann darüber streiten, ob nicht John Carr diese Auszeichnung verdient hätte. Pierannunzi war gut, aber nach allem, was man so hörte, war Carr besser. Ich kann es im Grunde nicht beurteilen, weil ich nie mit Carr gerungen habe. Und deshalb war ich auch überzeugt, dass er bei 71 Kilo gerungen hat, denn wären es 66,5 gewesen, hätte ich bestimmt ein paarmal mit ihm gerungen oder zumindest trainiert. (Mit meinen 59 Kilo hatte ich gelegentlich Trainingspartner bis zu 66,5 Kilo, aber ein 71-Kilo-Mann war einfach zu schwer.)

Als ich die Auskunft anrief, erfuhr ich, dass es in der Gegend von Wilkes-Barre in Pennsylvania sieben Leute mit Namen John Carr gab, brauchte aber nicht lange, um ihn ausfindig zu machen.

Ich sprach mit mehreren falschen John Carrs oder deren Frauen, und alle sagten: »Ach, Sie suchen den Ringer.« Oder: »Ach, Sie suchen den Trainer.«

Bis ich ihn an die Strippe bekam, wusste die ganze Stadt, dass ich ihm auf der Spur war; er erwartete meinen Anruf bereits. Als Erstes sprach ich ihm mein Beileid zum Tod seines Vaters aus. Carr erinnerte sich zwar an mich, nicht aber an mein Gesicht; er könne meinen Namen nicht mit einem Gesicht in Verbindung bringen, meinte er. Das überraschte mich nicht. Mich überraschte eher, dass er sich überhaupt an mich erinnerte – wie gesagt, haben wir nie miteinander gerungen, und mit meinen Ringerkünsten war es nicht so weit her, dass sich das Zuschauen gelohnt hätte. Sollte Carr mal eine Minute Zeit gehabt haben, um sich andere Ringer in der Pitt-Ringerhalle anzusehen, gab es da jede Menge, die besser waren als ich.

Ich hatte recht gehabt: Carr hatte in der 71-Kilo-Klasse gerungen. Und als ich ihn danach fragte, sagte er mir, dass er seinen New-England-Titel im Zusatzjahr in Cheshire und nicht in Andover gewonnen hatte. Carr war nicht mehr als Trainer tätig; er beklagte sich über den Einfluss des (internationalen) Freistilringens, das dem Ringen, wie es an High- Schools und Colleges betrieben wurde, seiner Meinung nach geschadet hatte. Vor allem würde nicht mehr genug geschultert – überhaupt würde nicht mehr so offensiv gerungen wie früher, meinte John Carr. Ich teile seine Ansicht; ich war nie ein begeisterter Anhänger des Freistils. Dan Gable hatte ganz recht, als er über das College-Ringen sagte: »Wenn man es nicht schafft, aus der Bodenlage hochzukommen, kann man nicht gewinnen.« (Beim Freistil ist das nicht nötig; der Kampfrichter pfeift und lässt einen aus der Bodenlage hochkommen, so dass man fast den ganzen Wettkampf in der Grundstellung, also auf den Beinen, verbringen kann. Ich wusste genau, was John Carr dachte: Was ist denn da schon dabei? In einem Freistilkampf hätte ich vielleicht sogar Sherman Moyer besiegt; schließlich befand ich mich in der Bodenlage, als er mich fertigmachte.)

Carr berichtete, dass Mike Johnson nach wie vor als Trainer in Du Bois tätig war und dass Warnicks Sohn – oder einer seiner Söhne – beim Turnier in West Point ziemlich erfolgreich abgeschnitten hatte. Da fiel mir wieder ein, dass ich den Namen Warnick auf der Army-Liste gesehen und mich gefragt hatte, ob das ein Sohn des Warnick war, der mich in meinem einen Winter in Pittsburgh unerbittlich mit seinem Armzug fertiggemacht hatte. Nachdem wir einander gute Nacht gewünscht hatten, fiel mir ein, dass ich vergessen hatte, Carr zu fragen, ob Warnicks Sohn den tödlichen Armzug seines Vaters beherrschte. Um ein Haar hätte ich ihn noch einmal angerufen. Aber wenn ich mit ihm telefoniere, zumal spätabends, muss ich irgendwann Schluss machen. Gelingt mir das nicht, bekomme ich Lust, alle Leute anzurufen, die mir so einfallen.

Natürlich würde ich gern Cliff Gallagher anrufen – und sei es nur, um ihn sagen zu hören: »Nicht mal ein Zebra, Johnny.« Und oft möchte ich Ted Seabrooke anrufen, bevor mir klar wird, dass das nicht geht. Ted war nie sehr gesprächig – im Gegensatz zu Cliff –, aber wenn er mir ins Wort fiel oder widersprach, war das, was er sagte, immer aufschlussreich. Wenn ich ihm etwas erzählte, meinte er zum Beispiel: »Für mich hört sich das ziemlich dumm an.« Oder: »Wie kommst du denn auf die Idee?« Oder: »Mach das, was du kannst.« Oder: »Womit bist du denn bisher gut zurechtgekommen?« Cliff sagte immer, Ted habe die Gabe, Klarheit zu schaffen.

Ich kann mich noch immer nicht damit abfinden, dass Ted und Cliff tot sind, obwohl Cliff (wenn man von einer durchschnittlichen Lebenserwartung ausgeht) inzwischen wahrscheinlich ohnehin gestorben wäre. Cliff war Jahrgang 1897; wenn er noch lebte, wäre er jetzt achtundneunzig. Ich glaube, es hat ihm das Herz gebrochen, dass Ted vor ihm gestorben ist – viel zu jung. Ted hat uns alle zum Narren gehalten. Nach seiner Zuckerkrankheit, die er gut in den Griff bekam, blieb er ein paar Jahre lang gesund; dann kam der Krebs und brachte ihn im Herbst 1980 um. Er war erst neunundfünfzig.

Beim Gedenkgottesdienst für Coach Seabrooke in der Phillips-Kirche waren mehr Ringer zugegen, als ich je in der Ringerhalle von Exeter gesehen habe. Bobby Thompson, ein ehemaliges Exeter-Schwergewicht – und für manche der größte New-England-A-Liga-Champion im Superschwergewicht aller Zeiten –, sang *Amazing Grace*. (Bobby ist heute Schulgeistlicher an der Exeter Academy.)

Für alle seine Schützlinge war es unfassbar, dass Ted tot ist. Wir hatten immer den Eindruck, dass er nicht unterzukriegen ist. Zweimal hatte ihn beim Golfspielen der Blitz getroffen, beide

Male hatte er überlebt. Und beide Male hatte er gesagt: »Solche Sachen passieren eben.«

Nach Teds Gedenkgottesdienst packte mich Cliff Gallagher mit einer Russischen Armklammer und flüsterte mir ins Ohr: »Mich hätte es treffen sollen, Johnny, mich hätte es treffen sollen.« Mein Arm tat mir noch tagelang weh. Cliffs Armklammer war noch immer ausgesprochen gemein, obwohl er damals dreiundachtzig war.

Ich führe kein hektisches Leben, und es kommt auch nicht jeden Abend oder jede Woche – oder auch nur einmal im Monat – vor, dass ich das Bedürfnis habe, »Klarheit zu schaffen«. An den meisten Abenden schaue ich das Telefon gar nicht an. Dann wieder gibt es Zeiten, in denen das stumme Telefon alle unerreichbaren Menschen aus der Vergangenheit zusammenzurufen scheint. Ich muss an das Rilke-Gedicht über den Leichnam denken: »Und einer ohne Namen/lag bar und reinlich da und gab Gesetze.« Das ist für mich an gewissen Abenden das Telefon. Es verkörpert die unerreichbare Vergangenheit – die Toten, die darauf pochen, uns Ratschläge zu geben. An solchen Abenden bedaure ich, dass ich nicht mit Ted reden kann.

Fotonachweis

1 (Irving 3-jährig in Exeter 1945): Archiv John Irving. 2 (Ringermannschaft der Phillips Exeter Academy 1961). 3 (Irving 1961). 4 (Larry Palmer 1961). 5 (Ted Seabrooke und Al Keck): 1961 Pean. 6 (Cliff Callagher 1966): Breadford F. Herzog. 7 (Mit Dan Gable in lowa 1973): Garry Winograd. 8 (Irving in Zürich 1982): Fritz Senn. 9 (Colin Irving 1983). 10 (Colin Irving beim New England A-Liga-Finale): F.F.N.I. 11 (Brendan Irving). 12 (Brendan Irving auf dem Weg zum Schultersieg). 13 (Mit seiner Mannschaft 1988): Steve Irving. 14 (Brendan Irving vor dem A-Liga-Finale 1989). 15 (Irving nach seiner Schulteroperation 1994): Janet Irving. 16 (Mit Brendan Irving nach dem Sieg in der A-Liga 1989): unbekannt. 17 (Mit Colin Irving 1983). 18 (Mit Brendan Irving 1985). 19 (Mit Janet Irving 1990): Mary Ellen Mark. 20 (Mit Everett Irving als zukünftigem Mittelgewicht 1995): Cook Neilson. 21 (Mit Kurt Vonnegut in New York 1982): Jill Krementz. 22 (Mit Stephen King in Boston 1987): Terese Frare. 23 (Mit Achim Schülke in Berlin 1995): Wolfhard Theile. 24 (Mit Günter Grass in New York 1992): Nancy Crampton.